陽明文庫 近衛家伝来の至宝

―設立80周年記念特別研究集会 記念図録―

田島 公編

吉川弘文館

陽明文庫設立80周年記念特別研究集会

――最新の研究成果の報告と陽明文庫の過去と未来――

ごあいさつ

財団法人陽明文庫は、五摂家筆頭の近衛家が長年にわたって伝襲した、大量の古典籍及び古文書、ならびに若干の古美術工芸品を、散逸することなく一括して保存管理し、学術目的の利用を促進するために、昭和十三（一九三八）年十一月に京都市右京区宇多野に近衛家第二十九代当主近衛文麿により設立されました。陽明文庫は、国宝八件、重要文化財六十件など約十万件の資料を所蔵し、近年では藤原道長の自筆日記『御堂関白記』がユネスコの「世界の記憶」に登録されるなど、国内のみならず世界的な評価を受けておりますが、本年十一月には設立八十周年を迎えます。

それに先立ち、教職員・研究者・学生・院生等を対象に、七月十五日に東京大学伊藤国際学術研究センターにおいて、特別研究集会を開催することになりました。当日は、東京大学史料編纂所に研究拠点を置く近年の大型科学研究費等による陽明文庫所蔵資料に関する最新の研究成果を示すと共に、財団法人の設立から、最近のデジタル画像の公開に至る陽明文庫の歴史や、史料編纂所が編纂・刊行した陽明文庫所蔵本を底本とする『大日本古記録』・『大日本史料』などの史料集や調査・研究の成果や学術的意義を、科学研究費によって撮影した高精細デジタル画像等を用いて判り易く紹介します。

本図録では、当日の参考資料として、陽明文庫所蔵の近衛家伝来の名品と最新の研究成果の一端を紹介します。

平成三十（二〇一八）年七月

主催者

目次

開会にあたって

公益財団法人陽明文庫理事　近衛甯子

本日は、お忙しい中「陽明文庫設立八十周年記念特別研究集会」にご参集いただきまして、有難うございました。

このたび、東京大学史料編纂所のご協力を得て、皇太子殿下のご臨席を賜り、「陽明文庫設立八十周年記念特別研究集会」を開催させていただきますこと、有難く、厚く御礼申し上げます。また、皇太子殿下には、本財団文庫所蔵の『車絵』などのご研究をご講演いただきますことは、本財団にとりましても、この上ない名誉と存じます。

財団法人陽明文庫は、五摂家筆頭の近衛家が長年にわたって伝襲した、大量の古典籍および古文書、ならびに古美術・工芸品を、散逸することなく一括して保存管理し、学術目的の利用を促進するために、近衛家第二九代当主文麿により、昭和十三年十一月に京都市右京区宇多野に設立されました。

本年（平成三十年）は、藤原道長が権勢を振るい栄華を極めた寛仁二年（一〇一八）に「この世をば　わが世とぞ思ふ　望月の　かけたることも　なしと思へば」の歌を詠んで千年になります。また、財団法人が設立されてから八十年の節目にも当たります。

文麿は「財団法人陽明文庫設立趣意書」に、「今や家門の占を廢し、當に天下の公寶となすべきなるを信ずるもの也」と記し、平安期から江戸期まで、連綿と伝えられた貴重資料を、近衛家のみの「たから」とするのではなく、「おおやけのたから」として、古典研究に利用され、永久に伝えられるべきものであるということを八十年前に宣言しました。

現在、陽明文庫は、国宝八件、重要文化財六〇件など約一〇万件の資料を所蔵し、平成二十五年六月には、道長公の自筆日記『御堂関白記』が、ユネスコの「世界の記憶」に登録されるなど、文麿公の「設立趣旨書」のように、近衛家伝来の資料は、国内のみならず世界的な「たから」であると評価されております。

今後も、本財団は、設立の趣旨に立ち返り、資料を永遠に伝えると共に、展覧会での資料展示、デジタル画像の公開、公開講座や研究集会など、公益活動を通して、日本古典文化の研究や進展に貢献いたしたいと存じます。

東京大学史料編纂所長　保谷　徹

本日は本当に暑いなか、「陽明文庫設立八十周年記念特別研究集会」に、ご参加いただきありがとうございます。開会にあたりまして、ひとことご挨拶申し上げます。

東京大学史料編纂所は、古代から明治維新期にいたる、前近代の日本史史料を、国内・海外において調査・収集し、分析・研究をおこない、編纂・公開する日本史の研究所です。二〇〇九年に、研究所は「日本史史料の研究資源化に関する研究拠点」に認定されました。国内外に所在する日本史史料を対象に、共同調査・共同研究をすすめ、その成果を研究資源化して共同利用に供し、全国の博物館・資料館や地方自治体などから、多くのご参加を得ています。史料編纂所の調査研究事業は、幅広く国際的な展開をみせ、欧米・ロシアのみならず中国・韓国など、多様な国々との研究交流や連携を深めてまいりました。

研究所の歴史は古く、その淵源は、一七九三年、江戸時代の和学講談所までさかのぼります。この事業を継承しつつ、一八六九年に、明治政府の修史事業がはじまりますが、ここから数えても、ちょうど一五〇年の歴史があります。研究所の前身組織は、その後、帝国大学に移管され、戦後は東京大学の附置研究所として現在にいたります。一九〇一年以来、史料編纂所では『大日本史料』・『大日本古文書』・『大日本古記録』など、日本史の基幹史料集一一〇〇冊以上を刊行してまいりました。

このうち、戦後に刊行がはじまった『大日本古記録』は、各時代の代表的な日記そのものを取り上げ、史料として信頼できる最良のテキストを提供しています。その代表的なものには、藤原道長の「御堂関白記」以下、陽明文庫所蔵の歴代関白記があります。この他にも、陽明文庫所蔵の原本や古写本を、日記本文の底本や対校本として使用したものがあり、『大日本古記録』のうち、平安期から室町期の日記の半数以上が、陽明文庫本を利用しています。

また、歴史上の事件を、年月日順に関連史料を取りまとめて配列する『大日本史料』にも、数多く陽明文庫本の古文書・古典籍が引用されています。こうした史料集の編纂には、陽明文庫での調査・撮影・研究が必要不可欠であり、出来上がった史料集は、長年にわたる近衛家・陽明文庫のご理解とご協力の賜物と存じます。あらためて御礼申し上げます。

さらに近年では、田島・尾上両教授を中心とした大型の科学研究費プロジェクトによって、高精細デジタル画像による陽明文庫所蔵史料の撮影が進展し、二〇一四年三月からは史料編纂所の図書閲覧室でデジタルアーカイヴ公開を開始しています。

陽明文庫が所蔵する近衛家伝来本の利用環境は大幅に拡張され、現在、約四万八千コマの画像が、こうして閲覧室の端末からでも閲覧できます。また、本研究所と陽明文庫、京都府立京都学・歴彩館は、二〇一七年二月五日に「覚書」を締結し、歴彩館でもデジタル画像の公開が開始され、陽明文庫の御膝元の京都でも史料画像の閲覧が可能となりました。市民向けの公開講座「陽明文庫講座」も、立命館大学等のご協力を得て、京都を中心に二〇一一年より二〇回以上開講してまいりました。

本日は、このような、基幹史料集の編纂・刊行や近年の大型科学研究費等による研究活動を踏まえ、本年十一月の陽明文庫設立八十周年に先立ちまして、文庫の関係者や東京大学の研究者・学生・院生、さらに大学や博物館・美術館・研究機関等に所属する方々を対象に、特別研究集会を開催することになりました。

東京大学史料編纂所における、陽明文庫所蔵史料の研究成果をご披露するとともに、財団法人陽明文庫の設立から、最近のデジタル画像公開にいたるまでの歴史や、史料編纂所による陽明文庫の調査と史料集刊行の学術的意義について、本日は高精細デジタル画像等も用いて、わかりやすく紹介していただけるとのことで、私は幕末維新期が専門で古い時代はあまり詳しくないのですが、今日は大いに勉強させていただこうと期待しております。

また本日は、日本史の一研究者として徳仁親王に御参加いただき、ご報告をお願いしています。実りある充実した研究集会となりますよう、みなさまのご協力をお願いいたします。これを持ちまして、私のご挨拶といたします。

設立八十周年を迎えた陽明文庫

昭和十三年（一九三八）十一月二日、文部大臣より財団法人陽明文庫の設立が許可されてから、今年平成三十年（二〇一八）はまさに八十周年になる。五摂家の筆頭という家柄の近衛家に、一千年来伝わった大量の資料を、その後とも離散することなく、かつそれを社会的に貢献すべく、一近衛家の資産であったものを公益に資する目的で設立の英断を下したのは、時に内閣総理大臣、二十九代近衛文麿であった。

国宝八件、重要文化財六十件を含む十数万点の資料は、現在はすべて二棟の書庫に収められている。だが明治十年（一八七七）頃以降、近衛家の東京移住に伴い、主たる資料は共に移動したものの、ほとんどの文書・典籍類は全て京都に残され、これらはその後京都帝国大学の図書館に寄託されていた。そして法人の設立を期にこの寄託の解除を依頼、一括収容することが出来たのである。

以後陽明文庫の活動は地道に行われて来た。発足当初刊行物は『陽明輝光』『陽明選書』『陽明文庫図録』などが逐次刊行され、豪華本『増訂陽明世伝』も発刊された。昭和四十六年（一九七一）になると『国宝大手鑑』、次いで『花木真写』『予楽院茶杓箪笥』『陽明墨宝』と次々と豪華本が刊行された。さらに昭和五十年（一九七五）から国書や記録文書などの貴重資料を写真複製図書として提供する『陽明叢書』の継続刊行が始まり、現在四十八冊でなお続刊中である。

資料什宝の一般愛好家に対する大規模な公開展示は、昭和四十二年（一九六七）東京世田谷の五島美術館において『陽明文庫名宝展』を開催して以来、北は弘前市から、南は熊本市まで全国三十一館で陽明文庫展を催している。中でも、七十周年には東京国立博物館、次いで京都国立博物館、さらに九州国立博物館と引きつづき最大規模の公開事業を行っているのが印象的である。なお、平成二十三年（二〇一一）より京都府の依頼で京都文化博物館の「京の至宝と文化」コーナーにおいて「近衛家王朝のみやび―陽明文庫の名宝」と題し約二か月間『御堂関白記』をはじめ、国宝・重要文化財など約三十点を展示、同館の一般入館者の参観に供して今年で八回になる。一方文庫の書庫二階にはささやかな展示室があり、年間約千人の参観者がある。

陽明文庫も平成二十四年（二〇一二）四月に京都府によって公益財団法人に認定された。その公益事業の重要な一つとして、収蔵する資料を各専門分野の学者研究者の調査研究に提供する「閲覧」という事業がある。近年の例を見ると年間百八十人、出納資料件数約六百件、資料点数は約五千点といった数で、それぞれの研究成果が論文となり、学界での業績となって、やがて一般社会にも貢献することとなる。

ところで広く資料を公開するためには、マイクロフィルムによる資料撮影がある。昭和五十一年（一九七六）より、国文学研究資料館によって当方の総ての国文学関係資料を調査、マイクロ撮影し同館にて一般公開している。今年までで約一千二百点約五十五万コマにのぼる。他にも東京大学史料編纂所では近世史資料、慶應義塾大学附属研究所斯道文庫では漢籍資料の調査撮影が長年にわたって行われ、それぞれにおいて公開し成果を挙げている。

さらに近年当方でも情報発信という点では一歩踏み込んだ事業に着手している。それは収蔵全資料目録及び、主要歴史資料の画像デジタル化である。十数万点におよぶ資料の目録を全てデジタル化し、それを公に開示することによって、資料活用の促進を期する一方、貴重資料のデジタル化を推し進め、資料の永久保存と活発な利用の両立を可能ならしめる、容易ならざる事業であるが、東京大学史料編纂所に研究拠点を置く、大型科学研究費補助金のプロジェクトの全面支援を得て、国宝・重要文化財をはじめ、多くの重要資料のデジタル撮影が完了した。このデータは現在東京大学史料編纂所で閲覧が可能であるのみならず、京都府の京都学・歴彩館でも契約によって全画像の閲覧が可能となった。この撮影は現在も鋭意続行中で、一万点に近い書状類をデジタル化中である。

また、このプロジェクトとの協力によって、京都や東京において「陽明文庫講座」を平成二十三年より毎年連続開催、毎回三、四百人の聴講者という盛況ぶりで、一般市民への絶好の情報発信となっている。

今後とも微力ではあるが公益法人としての努力を地道に続けてゆかねばならない。

（名和　修）

藤原氏・近衛家系図

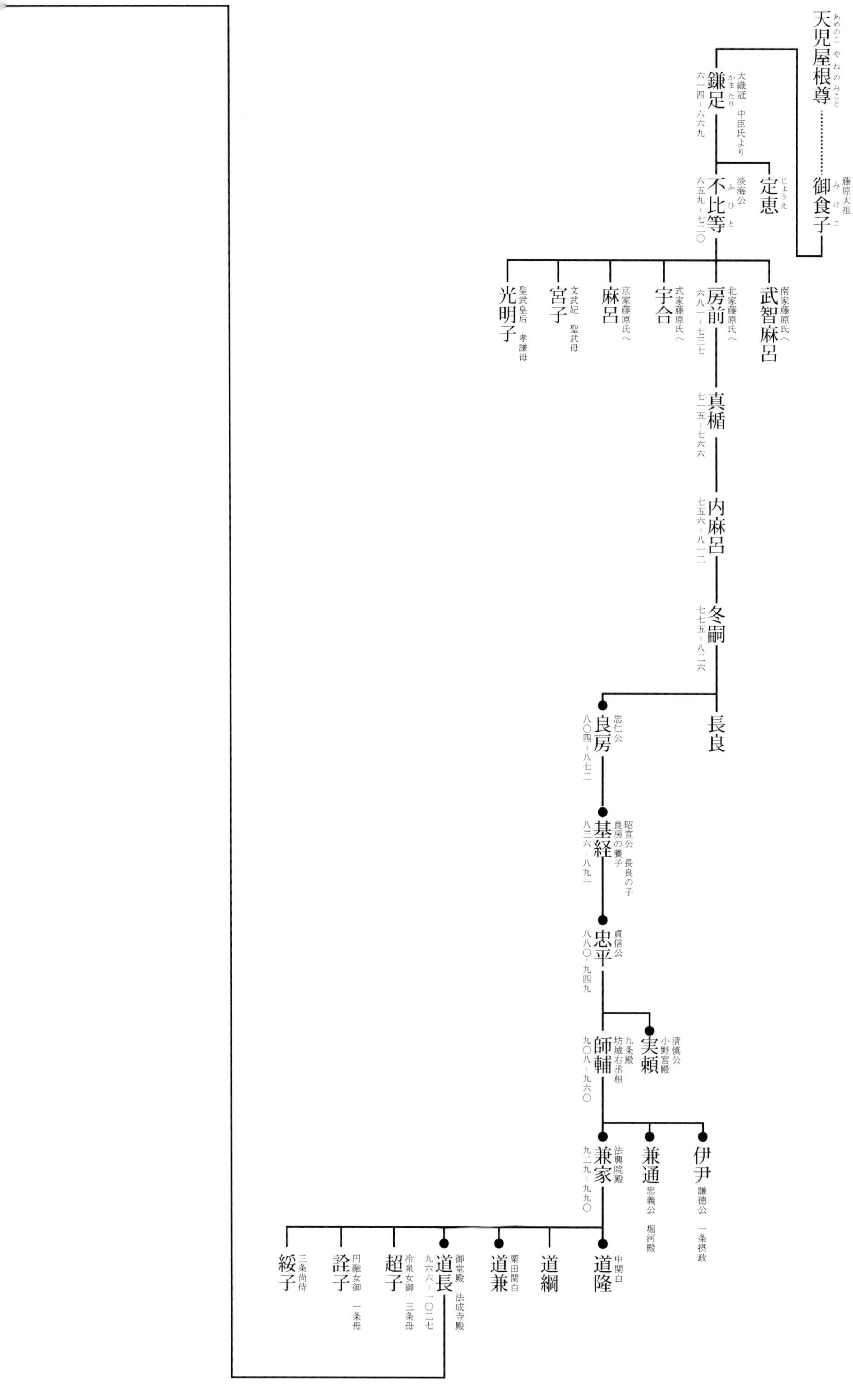

天児屋根尊《あめのこやねのみこと》
御食子《みけこ》 藤原大祖
鎌足《かまたり》 大織冠 中臣氏より 六一四－六六九
定恵《じょうえ》
不比等《ふひと》 淡海公 六五九－七二〇
武智麻呂 南家藤原氏へ
房前 北家藤原氏へ 六八一－七三七
宇合 式家藤原氏へ
麻呂 京家藤原氏へ
宮子 文武妃 聖武母
光明子 聖武皇后 孝謙母
真楯 七一五－七六六
内麻呂 七五六－八一二
冬嗣 七七五－八二六
長良
良房 忠仁公 八〇四－八七二
基経 昭宣公 長良の子 良房の養子 八三六－八九一
忠平 貞信公 八八〇－九四九
実頼 清慎公 小野宮殿
師輔 九条殿 坊城右丞相 九〇八－九六〇
伊尹 謙徳公 一条摂政
兼通 忠義公 堀河殿
兼家 法興院殿 九二九－九九〇
道隆 中関白
道綱
道兼 粟田関白
道長 御堂殿 法成寺殿 九六六－一〇二七
超子 冷泉女御 三条母
詮子 円融女御 一条母
綏子 三条尚侍

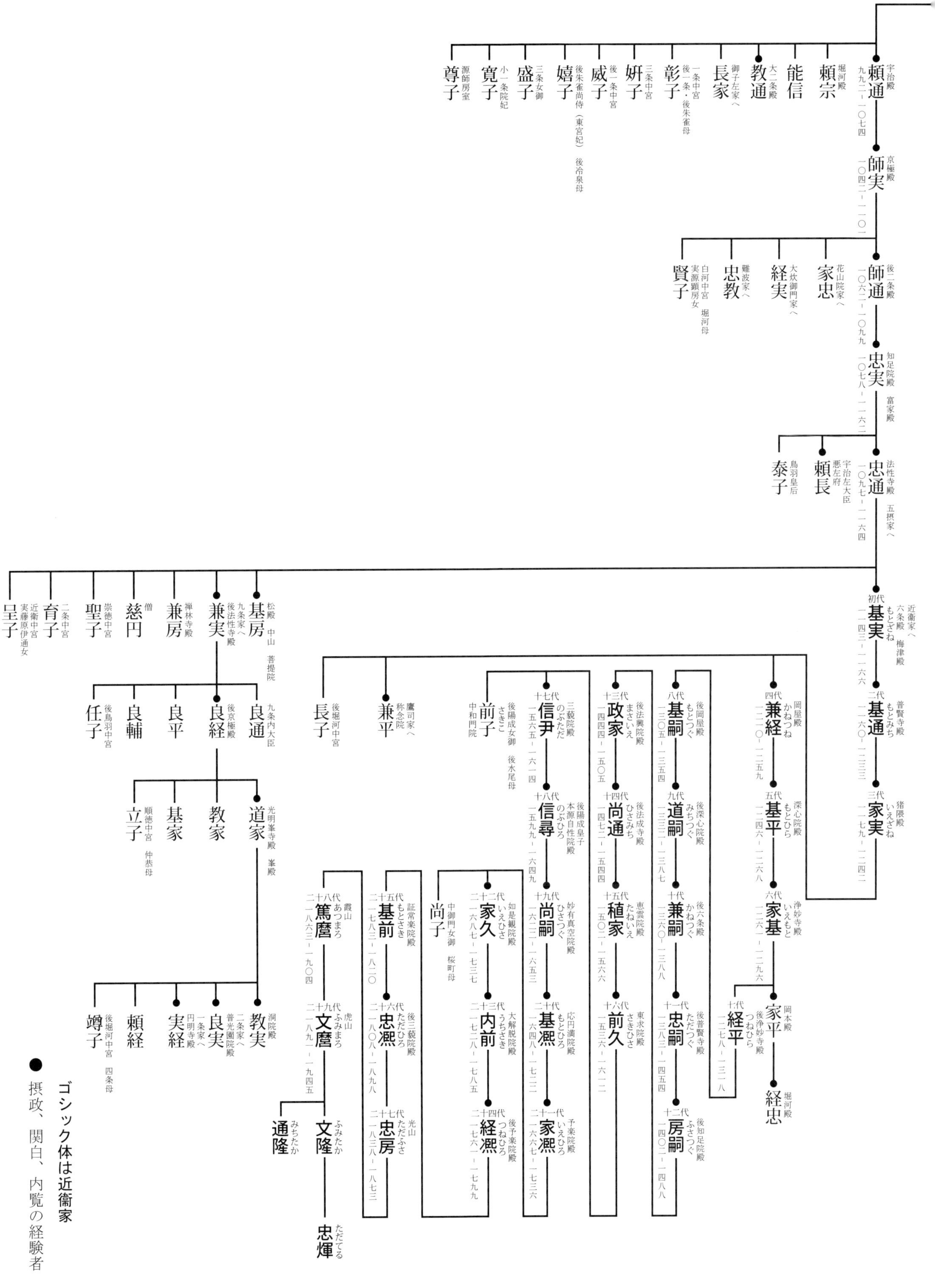
頼通 宇治殿 九九二－一〇七四
頼宗 堀河殿
能信
教通 大二条殿
長家 御子左家へ
彰子 一条中宮 後一条・後朱雀母
妍子 三条中宮
威子 後一条中宮
嬉子 後朱雀尚侍（東宮妃） 後冷泉母
盛子 三条女御
寛子 小一条院妃
尊子 源師房室
師実 京極殿 一〇四二－一一〇一
師通 後二条殿 一〇六二－一〇九九
家忠 花山院家へ
経実 大炊御門家へ
忠教 難波家へ
賢子 白河中宮 実源顕房女 堀河母
忠実 知足院殿 富家殿 一〇七八－一一六二
忠通 法性寺殿 五摂家へ 一〇九七－一一六四
頼長 宇治左大臣 悪左府
泰子 鳥羽皇后
初代 基実 もとざね 近衛家へ 六条殿 梅津殿 一一四三－一一六六
基房 松殿 中山 菩提院
兼実 九条家へ 後法性寺殿
兼房 禅林寺殿
慈円 僧
聖子 崇徳中宮
育子 二条中宮
呈子 近衛中宮 実藤原伊通女
良通 九条内大臣
良経 後京極殿
良平
良輔
任子 後鳥羽中宮
道家 光明峯寺殿 峯殿
教家
基家
立子 順徳中宮 仲恭母
教実 洞院殿
良実 二条家へ 普光園院殿
実経 一条家へ 円明寺殿
頼経
竴子 後堀河中宮 四条母
二代 基通 もとみち 普賢寺殿 一一六〇－一二三三
三代 家実 いえざね 猪隈殿 一一七九－一二四二
四代 兼経 かねつね 岡屋殿 一二一〇－一二五九
五代 基平 もとひら 深心院殿 一二四六－一二六八
六代 家基 いえもと 浄妙寺殿 一二六二－一二九六
家平 岡本殿
七代 経平 つねひら 後浄妙寺殿 一二七八－一三一八
経忠 堀河殿
八代 基嗣 もとつぐ 後岡屋殿 一三〇五－一三五四
九代 道嗣 みちつぐ 後深心院殿 一三三二－一三八七
十代 兼嗣 かねつぐ 後六条殿 一三六〇－一三八八
十一代 忠嗣 ただつぐ 後普賢寺殿 一三八三－一四五四
十二代 房嗣 ふさつぐ 後知足院殿 一四〇二－一四八八
兼平 鷹司家へ 称念院
長子 後堀河中宮
十三代 政家 まさいえ 後法興院殿 一四四四－一五〇五
十四代 尚通 ひさみち 後法成寺殿 一四七二－一五四四
十五代 稙家 たねいえ 恵雲院殿 一五〇二－一五六六
十六代 前久 さきひさ 東求院殿 一五三六－一六一二
十七代 信尹 のぶただ 三藐院殿 一五六五－一六一四
前子 さきこ 後陽成女御 後水尾母 中和門院
十八代 信尋 のぶひろ 後陽成皇子 本源自性院殿 一五九九－一六四九
十九代 尚嗣 ひさつぐ 妙有真空院殿 一六二二－一六五三
二十代 基凞 もとひろ 応円満院殿 一六四八－一七二二
二十一代 家凞 いえひろ 予楽院殿 一六六七－一七三六
二十二代 家久 いえひさ 如是観院殿 一六八七－一七三七
尚子 中御門女御 桜町母
二十三代 内前 うちさき 大解脱院殿 一七二八－一七八五
二十四代 経凞 つねひろ 後予楽院殿 一七六一－一七九九
二十五代 基前 もとさき 証常楽院殿 一七八三－一八二〇
二十六代 忠凞 ただひろ 後三藐院殿 一八〇八－一八九八
二十七代 忠房 ただふさ 光山 一八三八－一八七三
二十八代 篤麿 あつまろ 霞山 一八六三－一九〇四
二十九代 文麿 ふみまろ 虎山 一八九一－一九四五
文隆 ふみたか
通隆 みちたか
忠輝 ただてる
ゴシック体は近衛家
● 摂政、関白、内覧の経験者

陽明文庫所蔵の近衛家伝来の名品紹介

『御堂関白記』（国宝・ユネスコ「世界の記憶」）

平安中期に栄華を極めた藤原道長（九六六－一〇二七）の日記。『入道殿御暦』、『入道殿御日記』、『御堂御日記』、『入道大臣記』、『御堂御記』等とも称された。道長の自筆本十四巻と古写本十二巻が直系子孫の近衛家に伝えられているが、『旧記目録』『御堂御暦記目録』により、本来三十六巻の巻物であったと考えられている。二〇一三年六月、ユネスコの「世界の記憶」に登録された世界最古の政治家の自筆日記である。

現存する自筆の日記十四巻の暦日のうち日記として記載のある日数は半数にも満たないが、一日につき二行設けられた具注暦の空白行で書き終えることができない日は、翌日の空白部や紙背にまで及んで書き記している。道長独自の文字や書き方、誤字、抹消の跡、書き直し等を千年前に道長が日々記した状態で確認することができる。

諸家の多くの史料が、戦禍や度重なる火災により失われた。『御堂関白記』は、近衛家の人々が大切に保管し、守りぬいた近衛家の重宝といえるだろう。

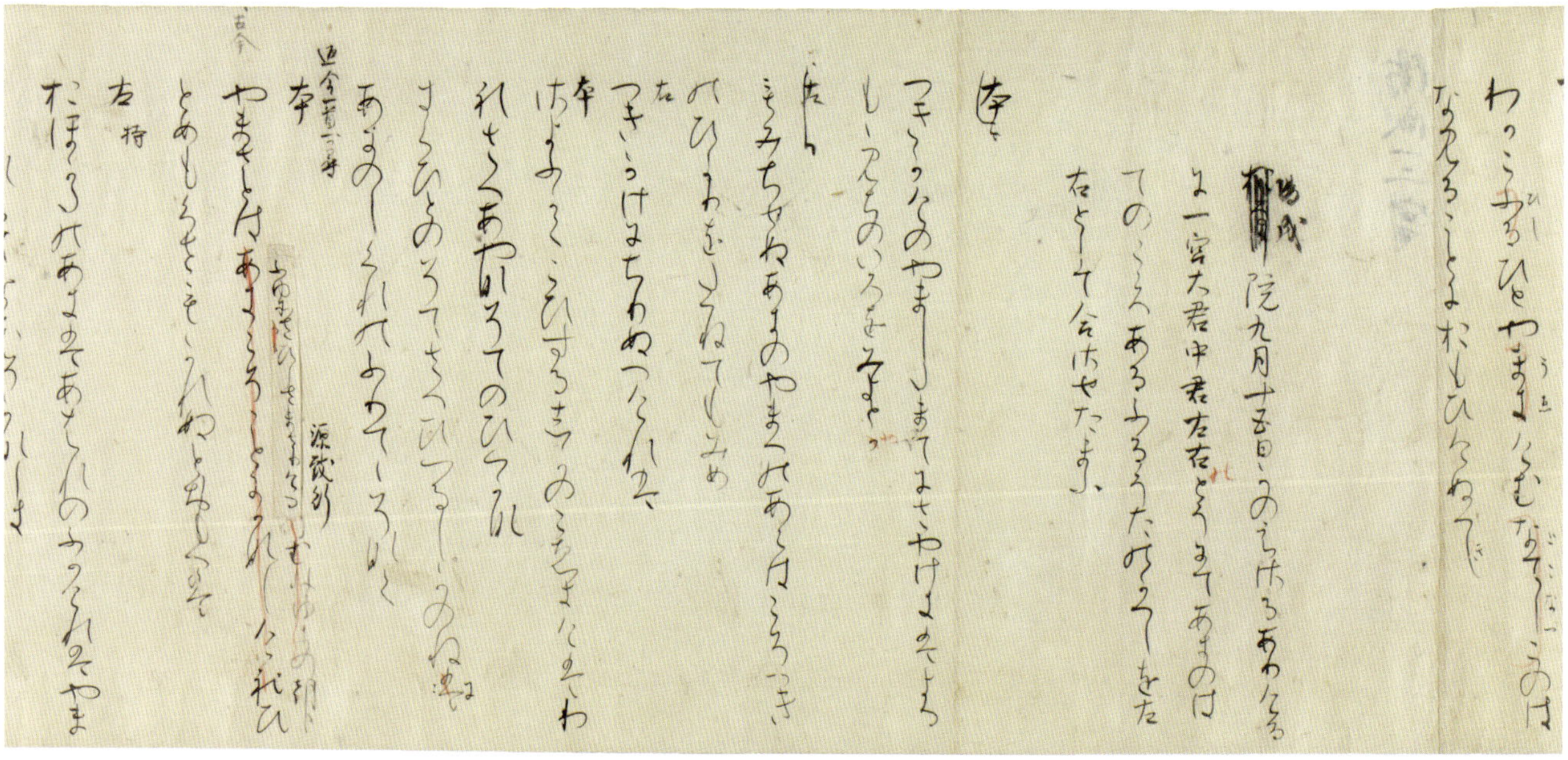

『歌合（十巻本歌合）』（国宝）

「十巻本歌合」は、道長の嫡子藤原頼通（九九二－一〇七四）によって編纂が始められたもので、仁和年間（八八五－八八九）に開催された「民部卿行平卿家歌合」から天喜四年（一〇五六）の「皇后宮歌合」までの四十六度の歌合がまとめられている。「十巻本歌合」は、巻第一・二・三が内裏・仙洞、巻第四・五が后宮・女院・准三宮、巻第六・七が女御・御息所・女王・斎宮・斎院、巻第八が親王・王孫・大臣、巻第九が一条大納言・故殿・殿、巻第十が雲客・士大夫・地下人・女宅という構成となっており、主催者別・年代順に整理される。中近世まで摂関家直系子孫の近衛家にそのまま伝わったと考えられるが、現在、陽明文庫には、「十巻本歌合」の「歌合目録」と「歌合第六」の完本、巻第五・巻第十の一部分が伝存する。

陽明文庫所蔵の「歌合第六」には「京極御息所歌合」（延喜二十一年）、「陽成院一親王姫君達歌合」（天暦二年）、「麗景殿女御歌合」（天暦十年）、「宣耀殿御息所歌合」（天暦十年）が収められている。個々の歌合について複数の証本をもとに校訂が行われており、古代の歌合を知るための貴重な史料となっている。

『倭漢抄』下巻（国宝）

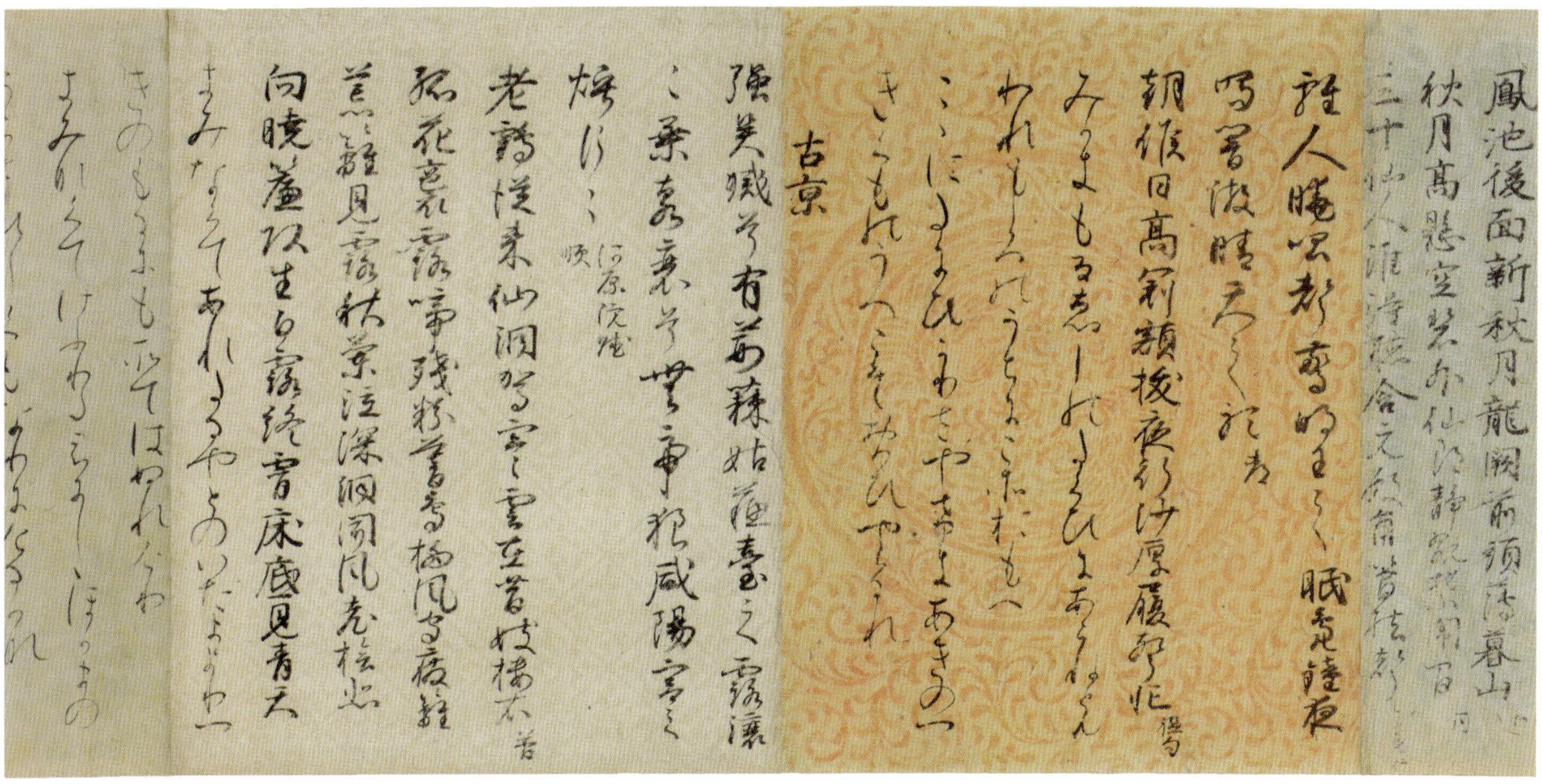

藤原公任（九六六－一〇四一）撰の『和漢朗詠集』を、十一世紀半ばに書写したもの。本書名は尾題「倭漢抄下巻」による。古くから近衛家に伝来したことにより「近衛朗詠」ともよばれた。上巻は散佚し、下巻のみが陽明文庫に伝わる。

陽明文庫の『倭漢抄』下巻は、「鶴」題から「猿・管弦・文詞・酒・山・山水・水・禁中・古京・仙家・山家・田家・隣家・山寺・仏寺・僧」までと「眺望」題から「餞別・行旅・庚申・帝王・親王・丞相・将軍・刺史・詠史・王昭君・妓女・遊女・老人・交友・懐旧・述懐・慶賀・祝・恋・無常・白」までの二つに分けられた巻子装二巻で、一・二巻とも三十二紙からなる。料紙の裏面左上部には番号が記されており、冒頭や「四十五」「四十六」「五十四」に当たる部分が抜けていることがわかる。また、一紙は、おおむね横十九・五センチから二十センチとなっているが、二巻の五紙目は約十五センチ、十七紙目は約十四センチ、二十二紙目は約十六センチとなっている。

上質な料紙に詩歌を美しい筆跡で写した調度手本は、贈答品として貴族たちに好まれた。近衛家に伝わった『倭漢抄』下巻は、白・薄黄色・橙・薄水色等の胡粉地に、鳥や草、花、格子等さまざまな模様の雲母刷りや空刷りの舶載品の美麗な唐紙が用いられており、『和漢朗詠集』の本文研究だけでなく料紙・装飾研究においても重要な名品といえる。

『大手鑑』（国宝）

近衛家第二十一代当主近衛家凞（一六六七－一七三六）が伝世の名筆を集め整理・編纂したものが陽明文庫所蔵の上下二帖からなる『大手鑑』である。縦四十六センチ、横六十二センチと通常の手鑑より大きな手鑑のため、大きな古筆を小さく切ることなく収めており、史料的価値の高いものが多い。

『大手鑑』の上帖には、伝聖武天皇筆とされる「大聖武」二十行をはじめとして、伝嵯峨天皇筆「李嶠雑詠切」、伝後鳥羽院「水無瀬切」といった天皇の筆跡や摂関家、名家の筆跡が収められ、下帖には伝藤原佐理筆「室町切」、伝藤原行成「小島切」、伝小野道風筆「本阿弥切」等が貼られている。各古筆切には、家凞筆の筆者名を記した極札が添えられている。中には、「法成寺摂政道長公」等の極札があっても古筆切れは貼られていない箇所があるが、三百枚以上の古筆切れを収めており、「三大手鑑」にひけをとらない手鑑である。

（糸賀優理）

【参考文献】
東京国立博物館・NHK・NHKプロモーション編『陽明文庫創立70周年記念特別展　宮廷のみやび―近衛家一〇〇〇年の名宝』（日本写真印刷、二〇〇八年）
京都新聞社編『薫る公家文化』（京都新聞出版社、二〇〇八年）
国文学研究資料館編『陽明文庫　王朝和歌集影』（勉誠出版、二〇一二年）、特に後藤祥子「十巻本歌合・二十巻本歌合の成立と意義」
筆の里工房編『陽明文庫・国宝展―近衛家一〇〇〇年の至宝』（筆の里工房、二〇一〇年）
九州国立博物館・西日本新聞社『藤原道長「御堂関白記」ユネスコ世界記憶遺産登録記念　華麗なる宮廷文化　近衛家の国宝　京都・陽明文庫展』（西日本新聞社、二〇一四年）、特に倉本一宏「藤原道長『御堂関白記』と世界記憶遺産への道程」
田島公編『近衛家名宝からたどる宮廷文化史　陽明文庫が伝える千年のみやび』（笠間書院、二〇一六年）、特に名和修「『御堂関白記』の魅力あれこれ」、島谷弘幸「近衛家の書籍―その価値と魅力」等

『車絵』『納言大将車絵様』『西園寺家車図』
——陽明文庫に残された三点の牛車絵図——

『西園寺家車図』納言大将半蔀車

牛車とは、牛の牽引する車のことで、平安時代から室町時代にかけて、上皇をはじめとする皇族や貴族などが、日常あるいは儀式の際に乗用していた。牛車は、古記録などの歴史史料はもちろん、『源氏物語』『枕草子』などの文学作品や、『伴大納言絵巻』『平治物語絵巻』などの絵巻物にも、貴族を象徴する重要なアイテムとして度々登場する。車体の材質や形状によって分類・呼称されることが多いが、同じ車であっても、記述する人によって、あるいは時代によって、異なる呼び方がされることもあり、呼称だけでは車種を確定できない場合もある。また、乗る人の身分や家柄、年齢、用途などによる使い分けもなされている。そのため、有職の観点から描かれた牛車の絵図（以下、牛車絵図と称する）が、折にふれて制作され、書写されてきた。陽明文庫は、中世に成立した以下三点の牛車絵図を所蔵している。

①『車絵』（指定名『車図』）一巻

牛車絵図と記録等の抄出とをあわせた十五紙からなる史料である。前半六紙の絵図は、車体に描かれた扇の文と説明書きから、洞院家の人々が太政大臣の時に利用する牛車を描いていることがわかる。後半部分は、岡屋関白こと近衛兼経が用いた檳榔庇車の説明書きと、藤原忠実以来の檳榔庇車乗用に関する記録の抄出である。鎌倉時代後期の左大臣洞院実泰による制作の可能性が極めて高く、実泰の父公守が太政大臣に昇進したことが制作の契機になったと思われる。本書は、牛車絵図のなかで現存最古のものであり、平成十六年（二〇〇四）に国の重要文化財に指定され、新たに『車図』という名称が付与されている。

②『納言大将車絵様』一巻

三紙からなり、半蔀車と網代車とを描く。車体に西園寺家の文《もん》である巴文が描かれ、表紙見返しに貼付された題箋にも「鞆絵」とあることから、西園寺家の「納言大将」、すなわち大・中納言で近衛大将に任ぜられた者が用いた牛車であるとわ

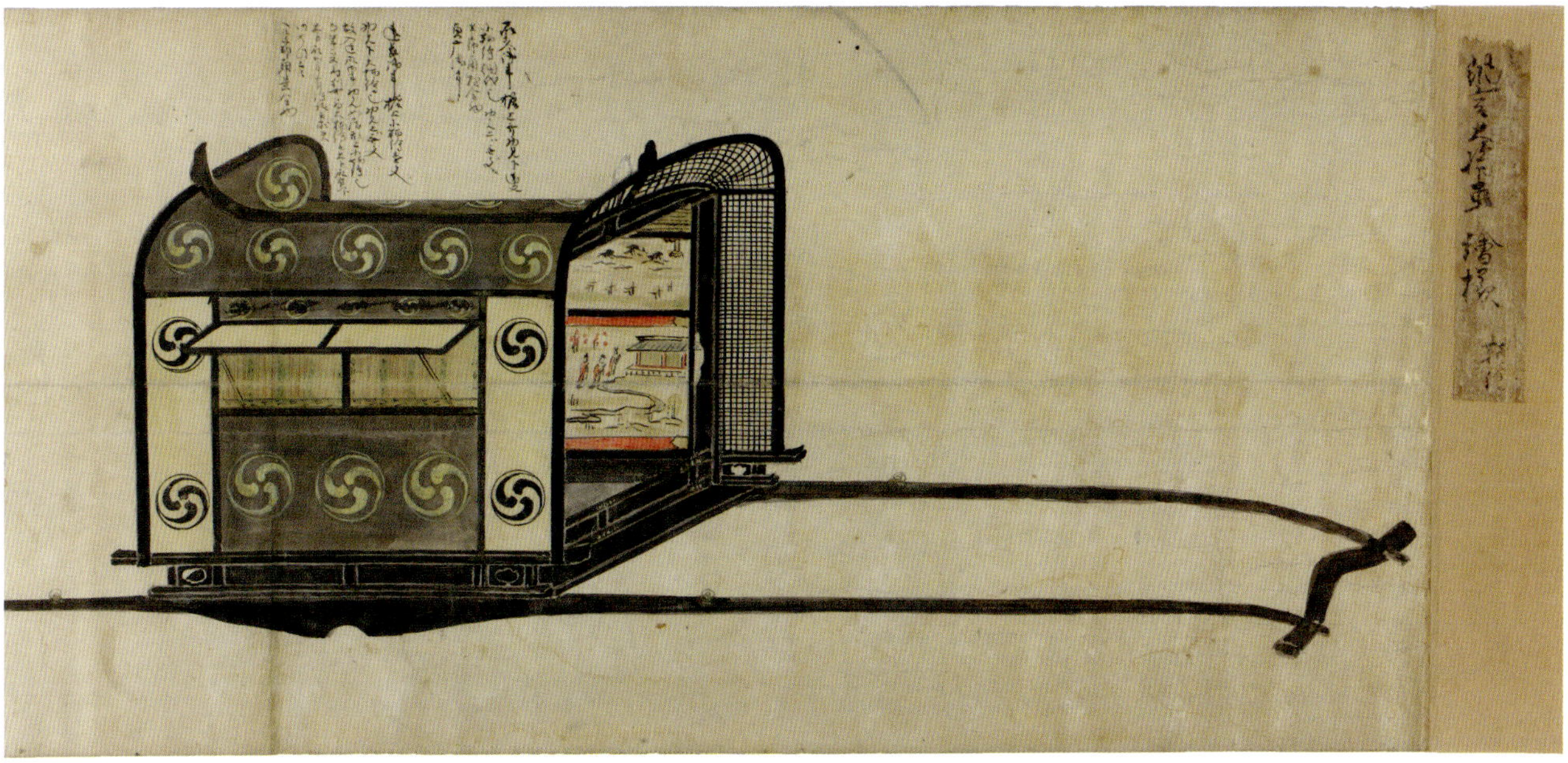

『納言大将車絵様』納言大将半部車

かる。絵・文字の書様や紙質などにより、南北朝から室町時代のものと推測される。上部に書き込まれた注記によれば、半蔀車は西園寺公経・実氏・公相三代の任右大将に伴う半蔀始に、網代車は公経・実氏の網代始に対応している。本書は『車絵』同様、洞院家に伝わったもので、注記も洞院家で付されたと考えられる。

洞院家は、西園寺家の分家で、西園寺公経の子の実雄に始まる。一時は西園寺家を凌ぐ勢いを見せるが、室町時代後期には断絶した。それに伴い、所蔵していた多くの記録・文書類は、譲渡されたり売却されたりするなどして散り散りになった。右の二点の牛車絵図は、近世の早い段階で、近衛家に入ったと推測される。陽明文庫には、ほかにも『革暦《かくれき》類』や部類記など本来は洞院家に伝わっていた史料が保管されている。

③『西園寺家車図』一巻

『西園寺家車図』は、早くから丹鶴叢書などに収載され、よく知られた史料である。西園寺家で身分の上昇によって乗り換えていく牛車を図示し、その材質や車の内外の絵柄などを説明したもの、すなわち説明書きを伴った牛車絵図で、牛車の研究をするうえでの最重要史料の一つである。『九条家車図』とセットで伝存するものも多いが、両図の成立は別々である。陽明文庫本は、『西園寺家車図』の最古の写本として知られる慶長年間の奥書をもつ宮内庁書陵部および斎宮歴史博物館所蔵の写本と同様に、単独で伝わっている。能書として知られる三藐院《さんみゃくいん》こと近衛信尹（一五六五〜一六一四）の書写にかかり、絵・文字ともに美しい。

陽明文庫に残された三点の牛車絵図は、洞院家および西園寺家で用いられた牛車を描いており、近衛家のそれではない。しかしながら、①②は近世前期のうちに収集され、③は近衛信尹によって写されたものであり、失われかけていた中世の牛車の有り様を伝えようとした、江戸時代における近衛家の自覚的な営為の足《あ》跡《と》として捉えることが可能であろう。

（徳仁親王・木村真美子）

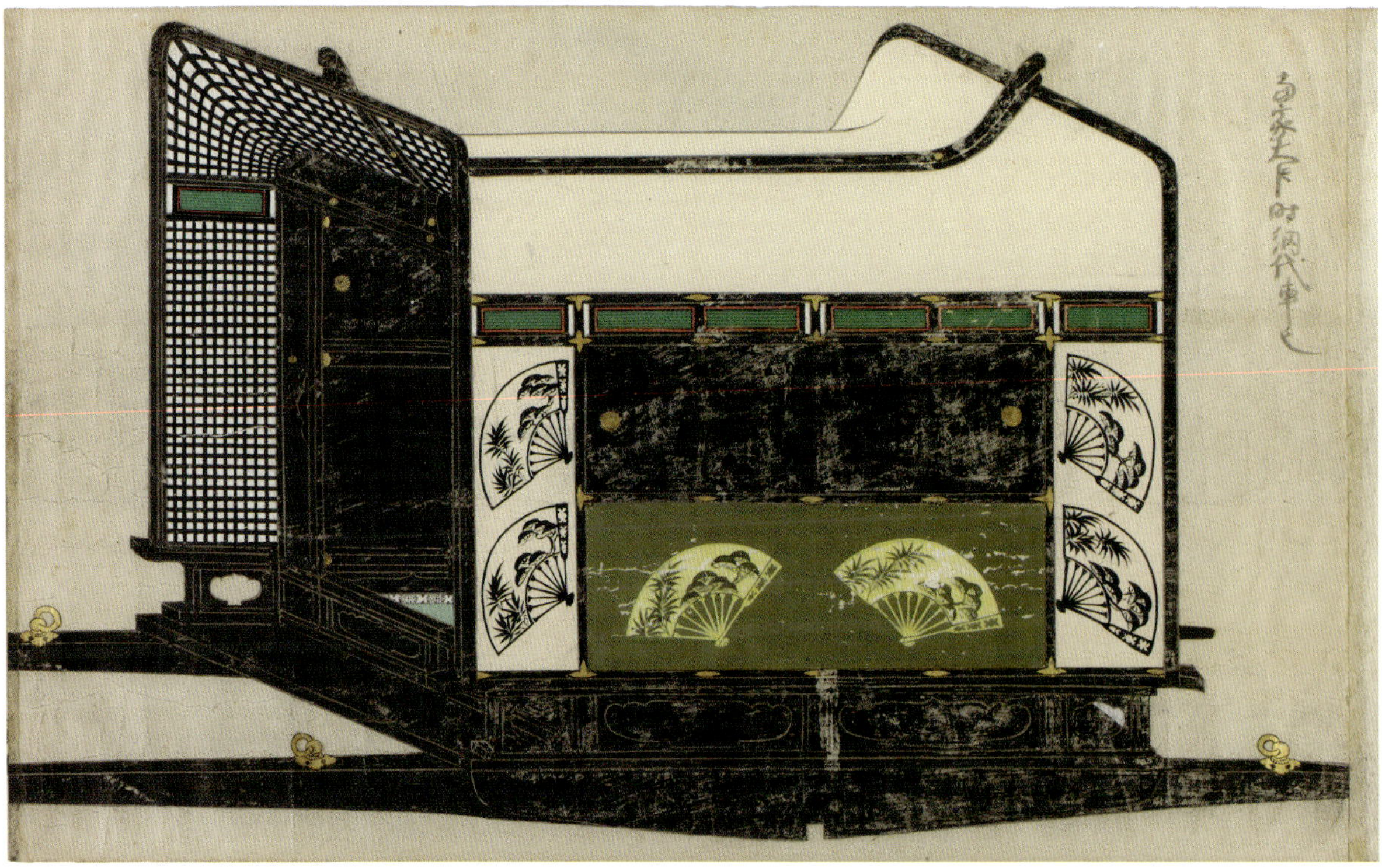

『車絵』大臣網代車

『車絵』雨眉網代庇車

『車絵』雨眉網代庇車・車内

『車絵』雨眉網代庇車・正面

『宮城図』

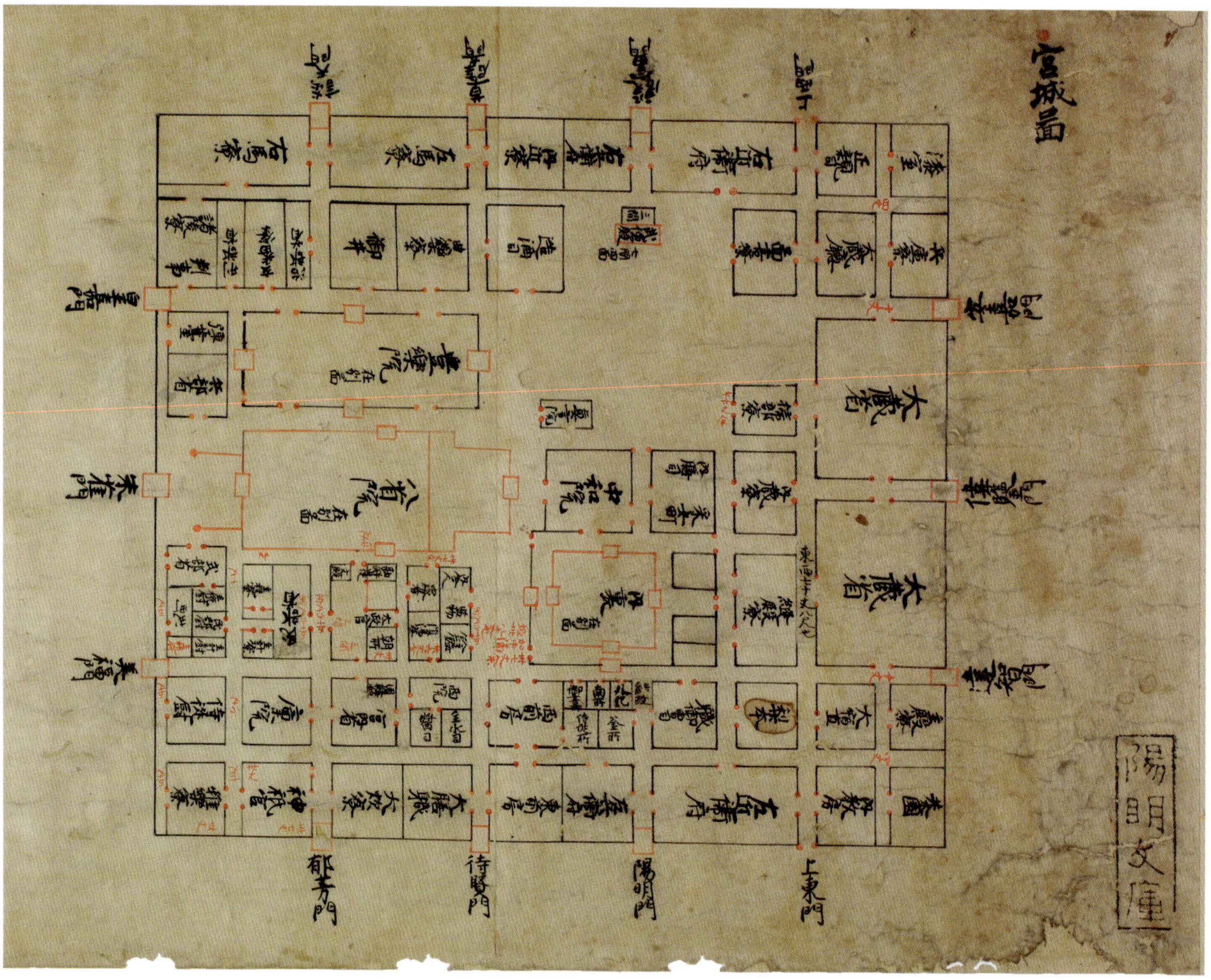

陽明文庫本『宮城図』巻首

陽明文庫本「宮城図」は、「宮城図、内裏図、中和院付近図（図名なし）、八省院図、豊楽院図」の順に、右から左へと描かれた巻子本である。

「宮城図」には宮城（大内裏）内主要官司及び宮城四面の門の位置（朱）と名称（墨）が記されている。「在別図」と注記された内裏と八省院は朱筆で描かれているが、同様の豊楽院は墨線である。また基本的に規模や構造の記載はないが、「武徳殿」には「七間四面」と記され、「大蔵省」南側にあたる「上東門」「上西門」間の通路の位置に、「東西七十丈八尺也」といずれも墨で記入されている。このほかの幅などの注記は朱筆である。

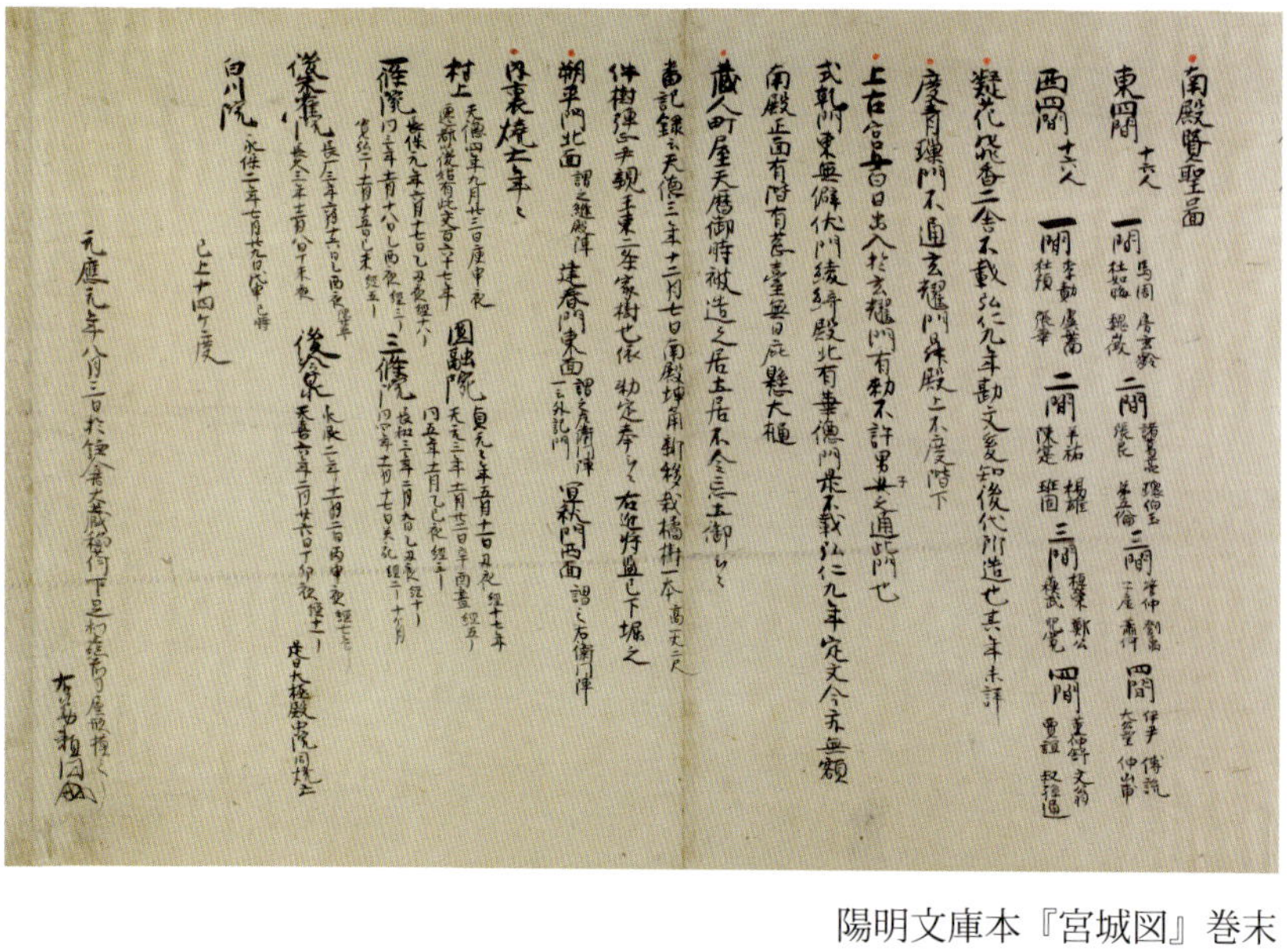

陽明文庫本『宮城図』巻末

豊楽院図に続いて、「造内裏国宛、南殿賢聖図、内裏焼亡年々」が記載されている。九条家本『延喜式』の「大内裏図」では、紙背に記載された内容を表にした様式である。この内、「内裏焼亡年々」は天徳四年（九六〇）から永保二年（一〇八二）の「已上十四ヶ度」と記されている。さらに末尾に、「元応元年（一三一九）八月三日、鎌倉大蔵稲荷下、足利上総前司（吉良義貞）の屋形において、これを模しおわんぬ。右筆頼円（花押）」と、書写年が記されている。これらの記載は、書写された原本にもかかわる年次であろう。

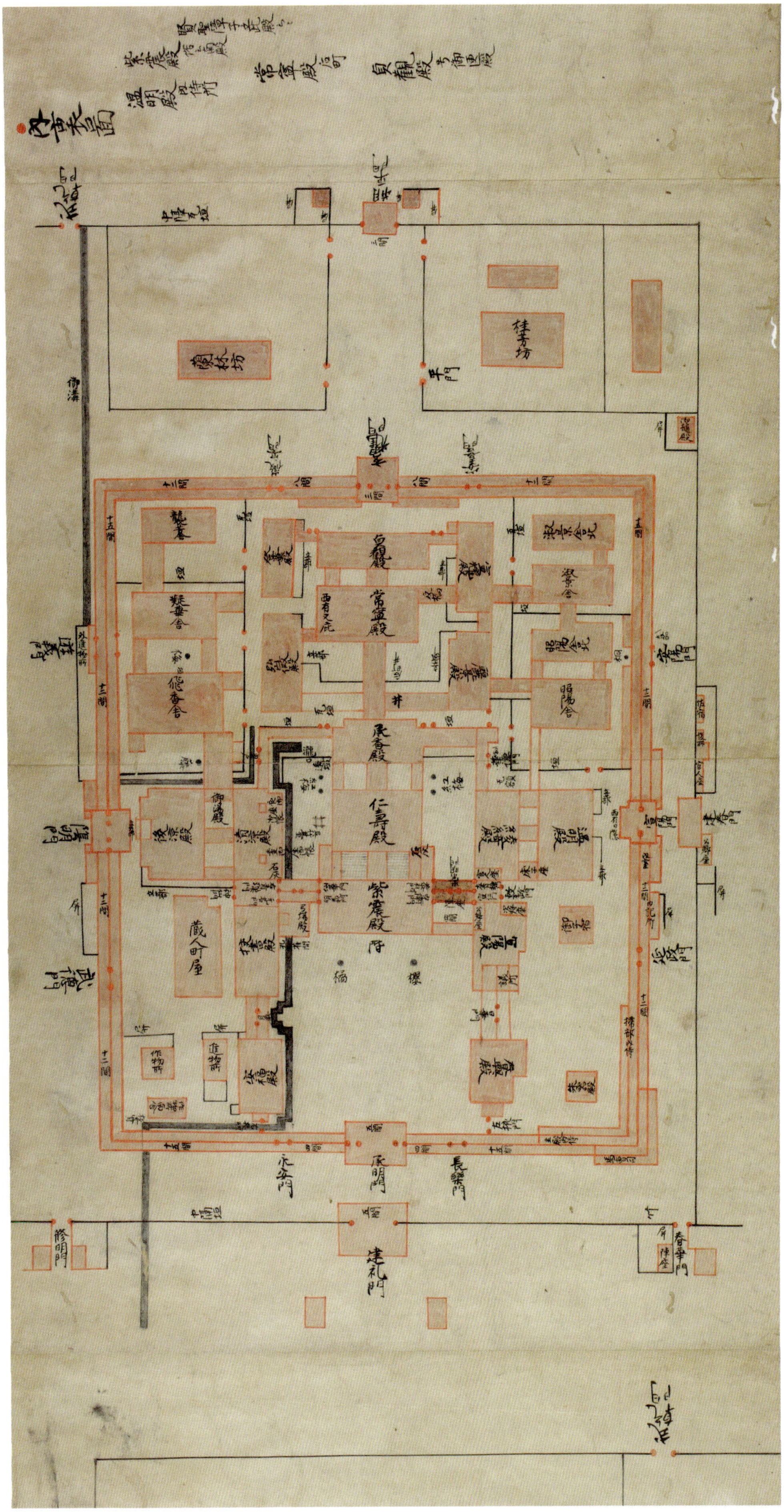

陽明文庫本『宮城図』「内裏図」

「内裏図」は、墨線で描かれた「瓦垣」で北・東・南の三方を囲まれ、内部の「垣、瓦垣、塀」も基本的に墨線である。ただし、内裏の西側から「清涼殿」の北側と東側を経て南へ向かう「御溝」は薄墨で描かれている。建物や渡殿、築地などの位置と形状は朱線で描かれ、さらに薄い朱で彩色されている。北から南へと渡殿で連なる「貞観殿、常寧殿、承香殿、仁寿殿、紫宸殿」などを始め、建物や門などの名称や築地の長さなどは墨で記入されている。内裏図の名称右下には、「温明殿 内侍所」といった機能や別称などが注記されている。「紅梅、橘、桜」なども墨書である。

（金田章裕）

『儛絵』（舞絵）

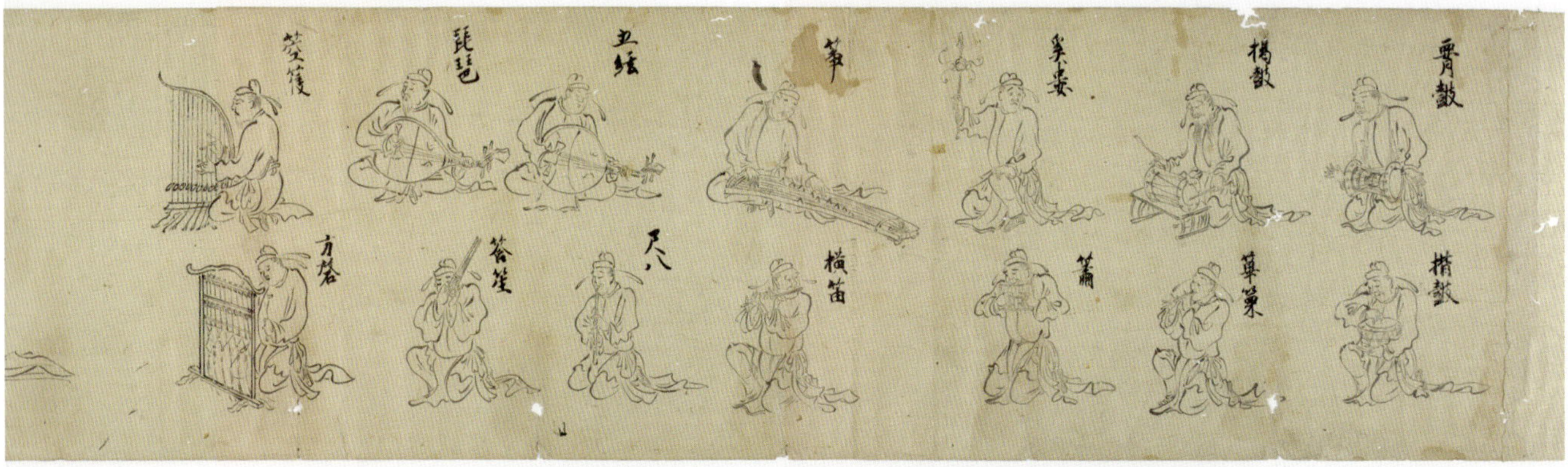

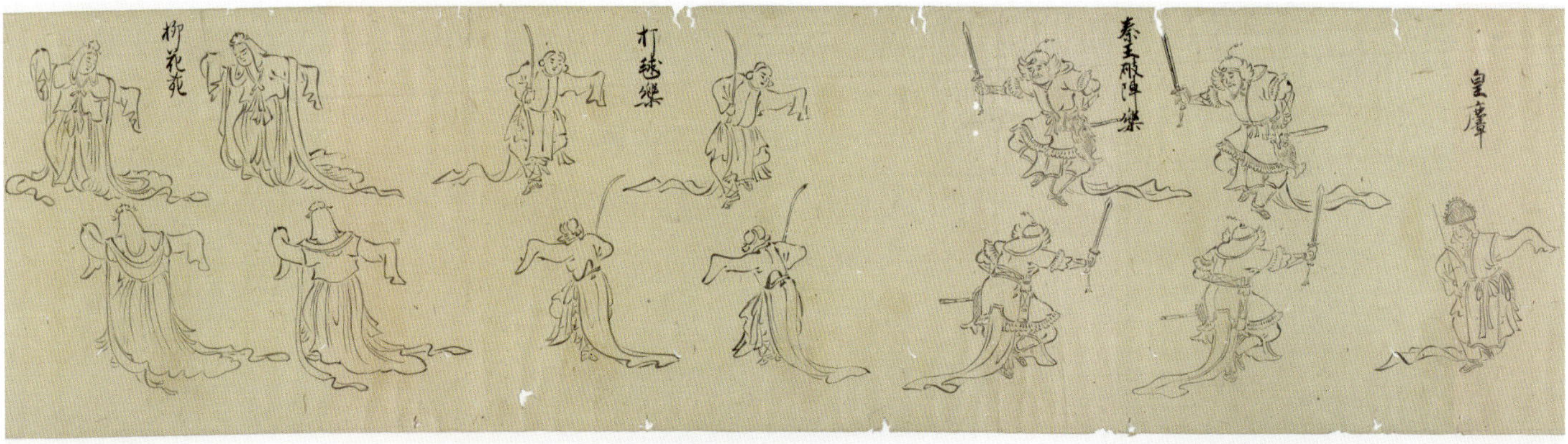

「信西古楽図」の名で知られる画巻で、現存最古の写本であり、諸写本の祖本に当たる。近年、福島和夫氏による詳しい分析が集大成され、信西（藤原通憲：一一〇六～五九）が成立に関与したことを連想させる通称よりも、内容に即した「舞楽散楽図」の呼称がふさわしいと提唱されている（上野学園大学日本音楽史研究所編『日本音楽史料叢刊』一、思文閣出版、二〇一六年）。

紙本白描一巻。本紙四三紙。表紙外題は剥落して読みにくく、「唐儛絵」か。奥書「本云三条宮畫　御室繪／舞銘　當今（後花園天皇：一四一九～七〇）宸筆／寶徳元年（一四四九）九月日」は、後崇光院（伏見宮貞成親王：一三七二～一四五六）筆とみられる。奥書の解釈は確定が難しいが、三条宮は管絃を好んだ以仁王（一一五一～八〇）の可能性があり、『看聞日記』から知られる後崇光院・後花園天皇父子の典籍・絵巻の書写・借覧の様子からは、十四世紀頃に仁和寺へ移された蓮華王院宝蔵の絵巻を転写したとも考えられる。

全体の内容的な構成は、坐奏楽人・舞楽十八図・立奏楽人・散楽十三図の四部分からなる本

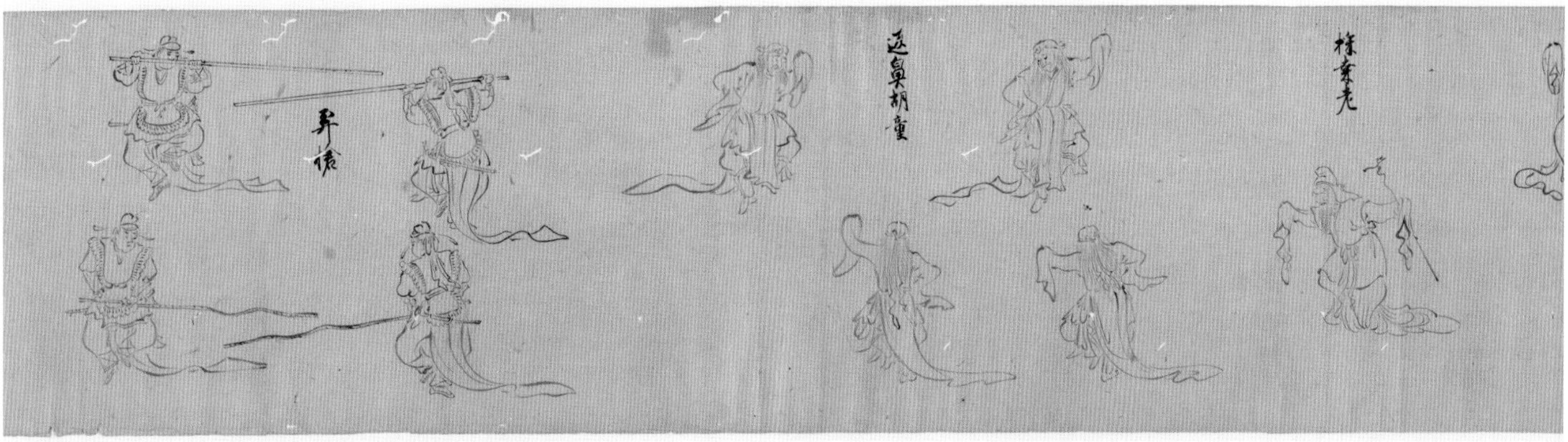

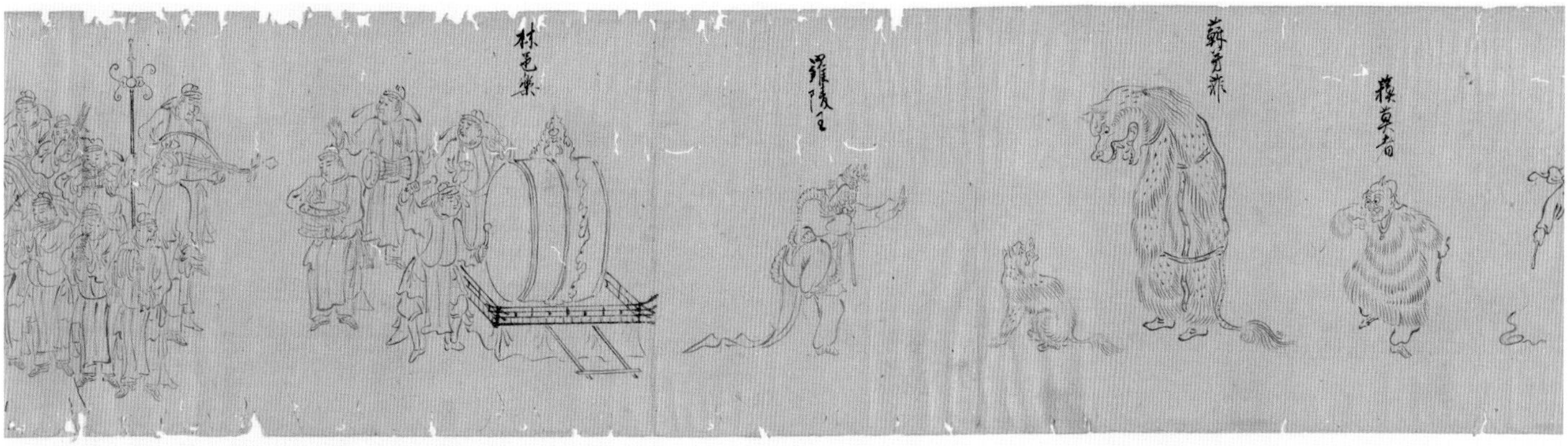

体に、後の付加的な部分として舞楽十図が続き、そこには「少納言入道本信西」を以って追加したとの注記を含んでいる。注記の直前の「倍臚」までは舞銘が書き込まれ、それ以降とは絵の筆致も異なり、この注記がかかる範囲も確定は難しい。銘の正確さには若干の問題があり、描かれた服飾も、日本のものというより中国のものと理解でき、散楽も日本で演じられた曲芸であるか疑わしい。原図様が唐代の図譜・図鑑的な絵に遡る可能性は高く、そうした原本が日本に招来されたと考えられる。ただし、舞楽は実際に平安時代に演じられた曲目で、本画巻の直接の親本には日本での編集が加えられているとの意見もある。

略画ながら音楽史・芸能史の貴重な資料で、舞楽の服飾・所作や楽器の編成・奏法などを視覚的に伝える。また、本体部分での動きある人物の描き分けや、その組み合わせによる群像表現など、祖本の絵画表現の巧みさ、および白描画としての本画巻の評価については、今後の検討を俟つところである。

（藤原重雄）

新羅狛

吐火舞
四人重立
飲刀子舞

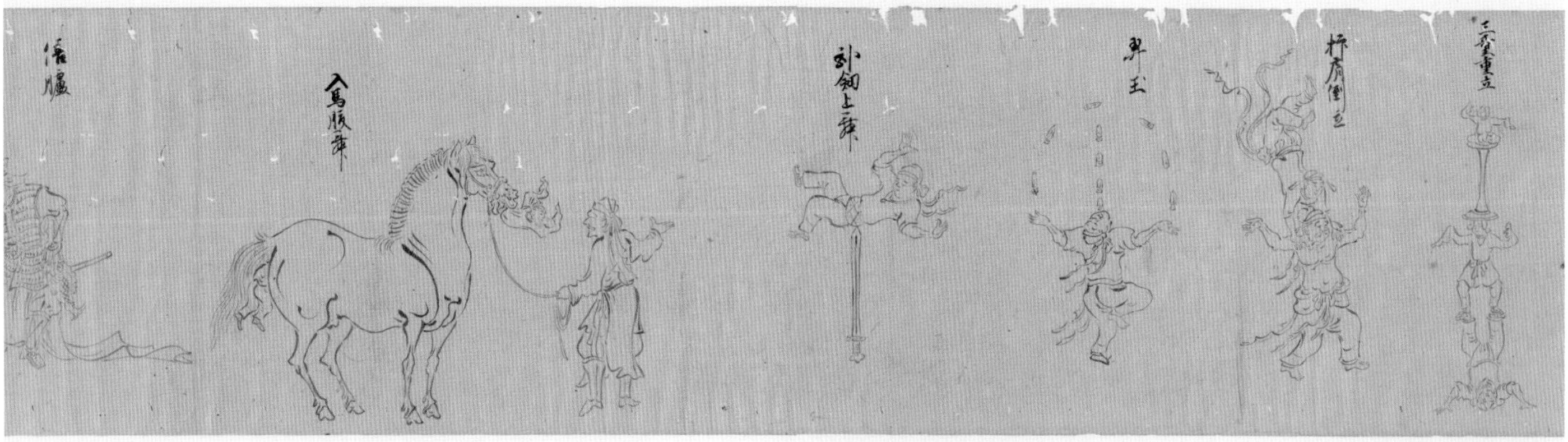
入馬腹舞
臥劔上舞
弄玉

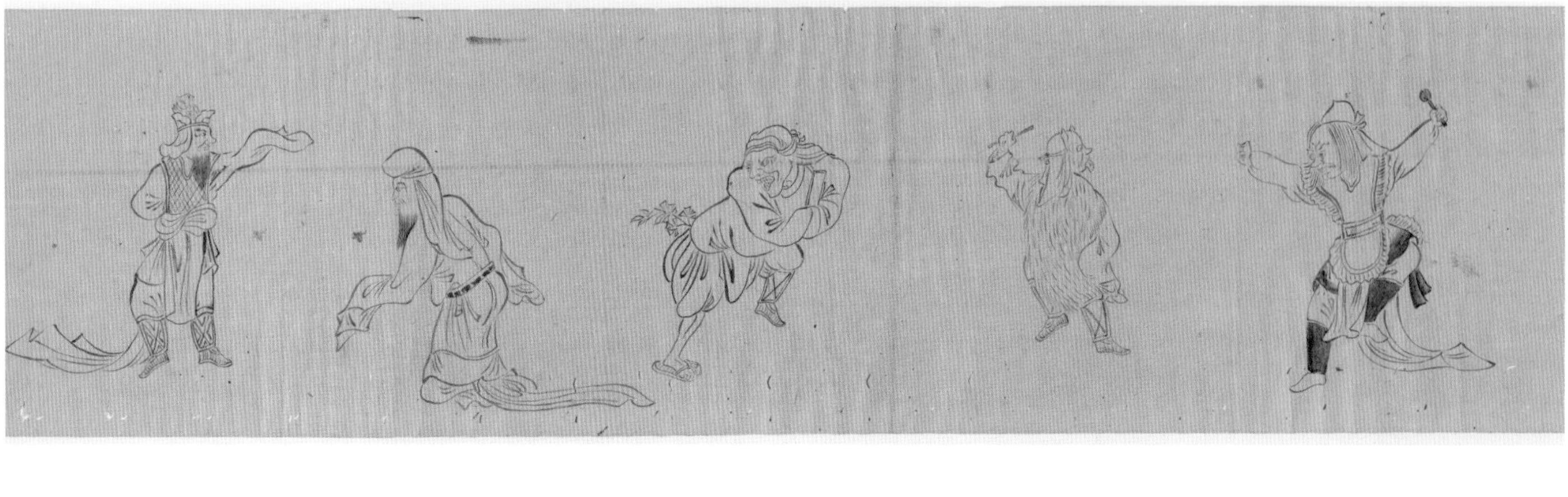

入壺舞
新羅楽
師子舞

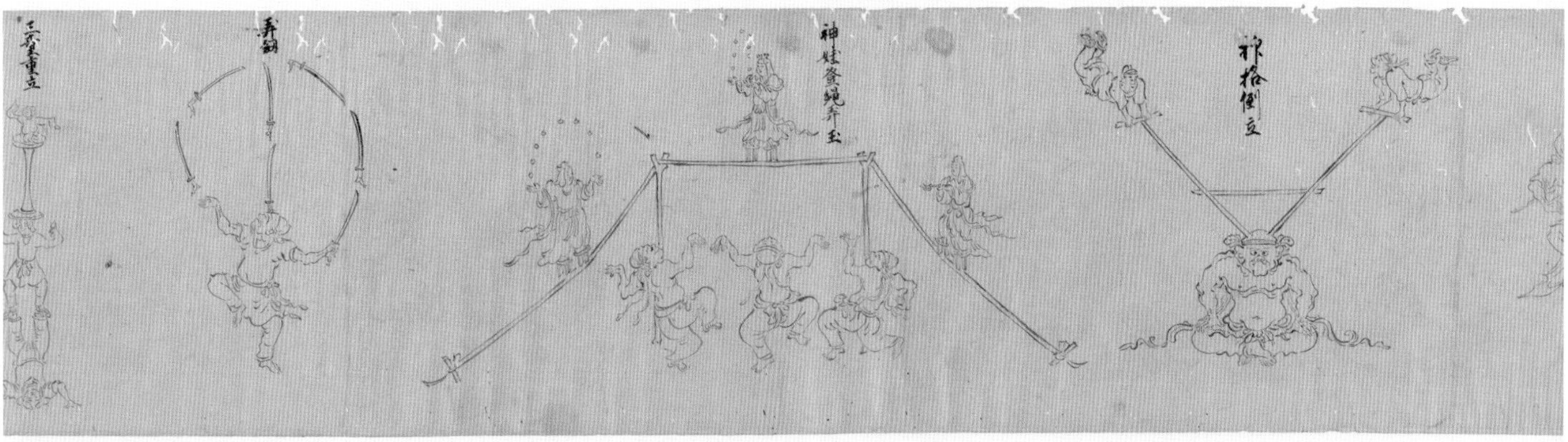
弄剣
神娃登縄弄玉

倍臚

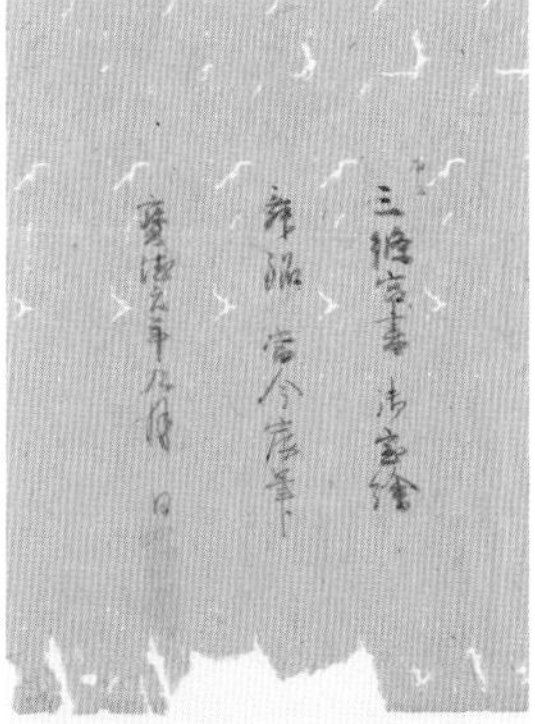

『兵範記』紙背文書「俊寛書状」「平時忠書状」

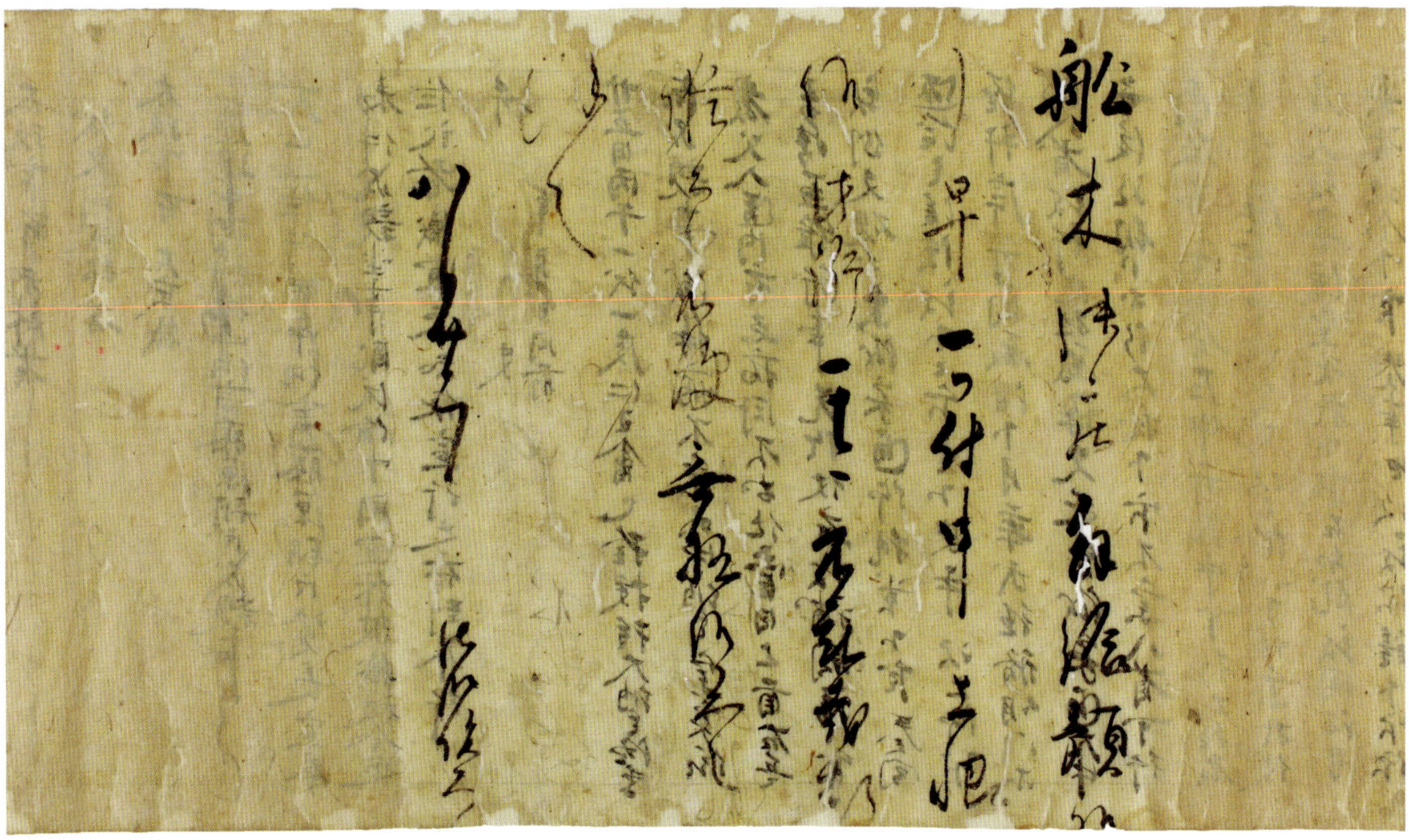

（嘉応元年）八月二十二日法眼俊寛書状

○（嘉応元年）八月二十二日法眼俊寛書状（／は改行、以下同）

船木御庄解給預候／了、早可付申　上卿／候、此訴于今不被裁断／候、実不便無極候、恐々／謹言、／八月廿二日　法眼俊□〔寛〕

○（嘉応元年）八月二十二日右衛門督平時忠書状

船木庄解状并／頭弁書状給預候了、／早可申沙汰候也、御／念仏用途料闕如□〔候〕／者、返々不便候事也、／仍以執達如件、／八月廿二日　右衛門督（時忠花押）

この二通の書状はいずれも平信範（一一一二〜八七）の日記『兵範記』嘉応元年（一一六九）十二月記原本の紙背文書である。信範は文書行政に携わる実務官僚として活躍した人物で、代々摂関家に仕える家柄であった。『兵範記』原本は、基本的に信範が手許にあった文書の反故を翻して記事を清書したもので、近衛家に伝来し、現在は陽明文庫と京都大学附属図書館に分蔵される。紙背文書には信範が摂関家家司として関係したものや、蔵人頭宛（信範は仁安二年〈一一六七年〉に蔵人頭に補された）のものが多く残されている。

俊寛といえば、後白河院近臣として京都東山の鹿ヶ谷の山荘で反平家の謀議に関わったことで有名である。『平家物語』によれば、謀議発覚後に薩摩の鬼界ヶ島に流されたが、俊寛だけは赦免されずに島で亡くなったとされ、この悲劇は能や歌舞伎の演目に取り入れられて後世に語り伝えられることとなった。この陽明文庫所蔵『兵範記』紙背文書は、俊寛の筆跡を伝える確実なものとして実に貴重である。

法眼俊寛書状は第三〇紙で、高精細デジタル撮影によって署名部分が「法眼俊□」と判読できた。一方、後に俊寛と敵対する側の人物である右衛門督平時忠書状は第二四紙にある。両者は同日付でともに「船木庄」に関する内容であることや、同巻の料紙になっていることからみて、同じ案件に関係する文書と考えられる。

年次を調べると、時忠が右衛門督であったのは仁安三年（一一六八）七月から翌嘉応元年十二月までであることから、これら書状の日付「八月廿二日」は仁安三年または嘉応元年であると限定でき、この頃に法眼で「俊…」とい

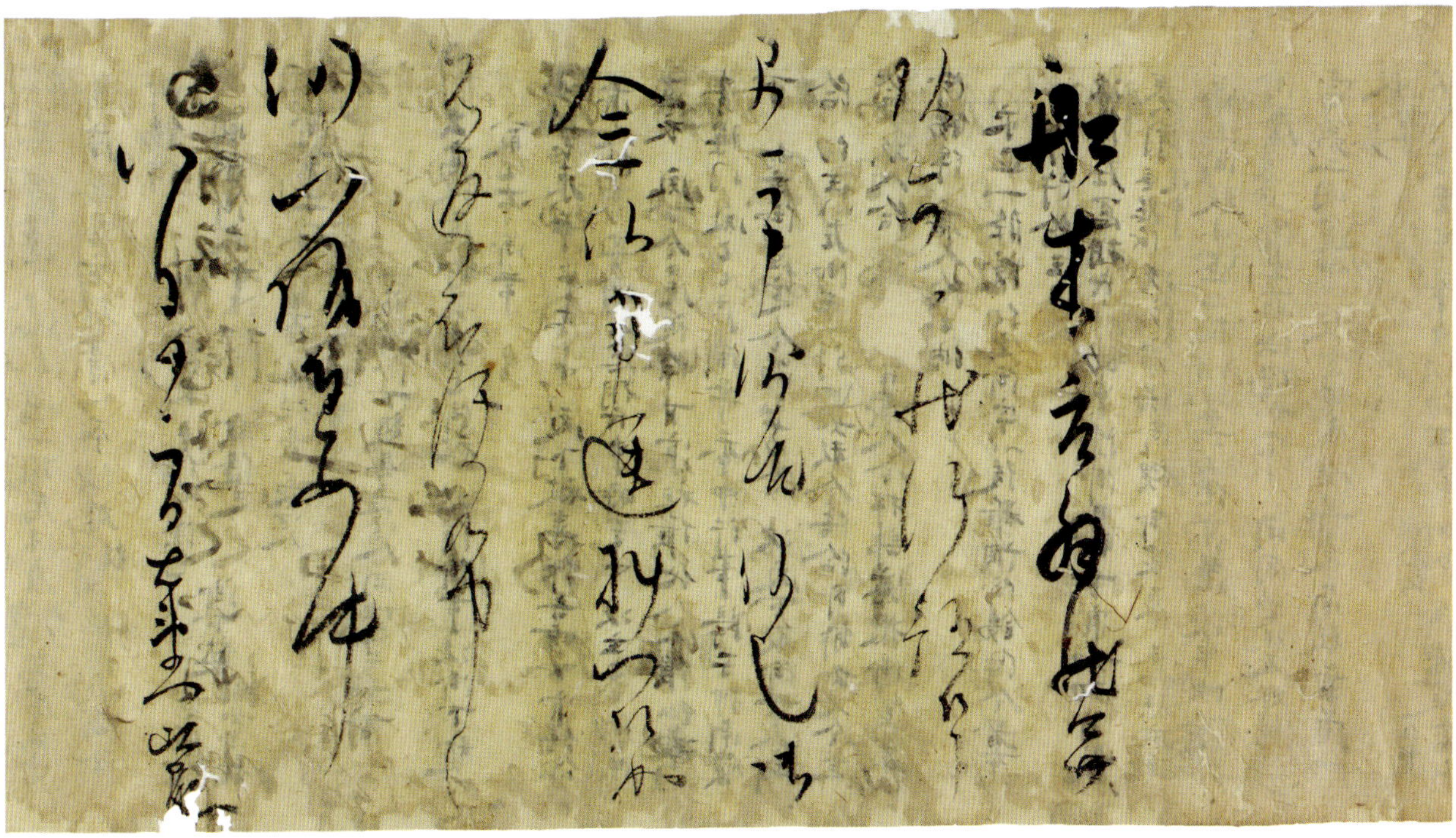

（嘉応元年）八月二十二日右衛門督平時忠書状

う名の人物を史料上に探すと該当者は俊寛にほぼ限られる。俊寛はこの時すでに法勝寺執行であり、その所領を管理していた（『兵範記』仁安二年閏七月三日条）。時忠も嘉応元年八月には法勝寺担当上卿であった（『同』嘉応元年正月四日条・十月二十四日条）。時忠書状に見える「頭弁」は、当時蔵人頭権右中弁であった信範である。

次にこの「船木庄」を比定すると、この頃、美濃国本巣郡内に法勝寺領船木荘があり（『岐阜県史』）、ちょうど該当する。法勝寺で毎年三月・九月に行われる御念仏の財源には船木荘からの年貢が充てられており（『兵範記』嘉応元年三月九日条）、時忠書状に見える「御念仏」がこの仏事を指すことは間違いない。

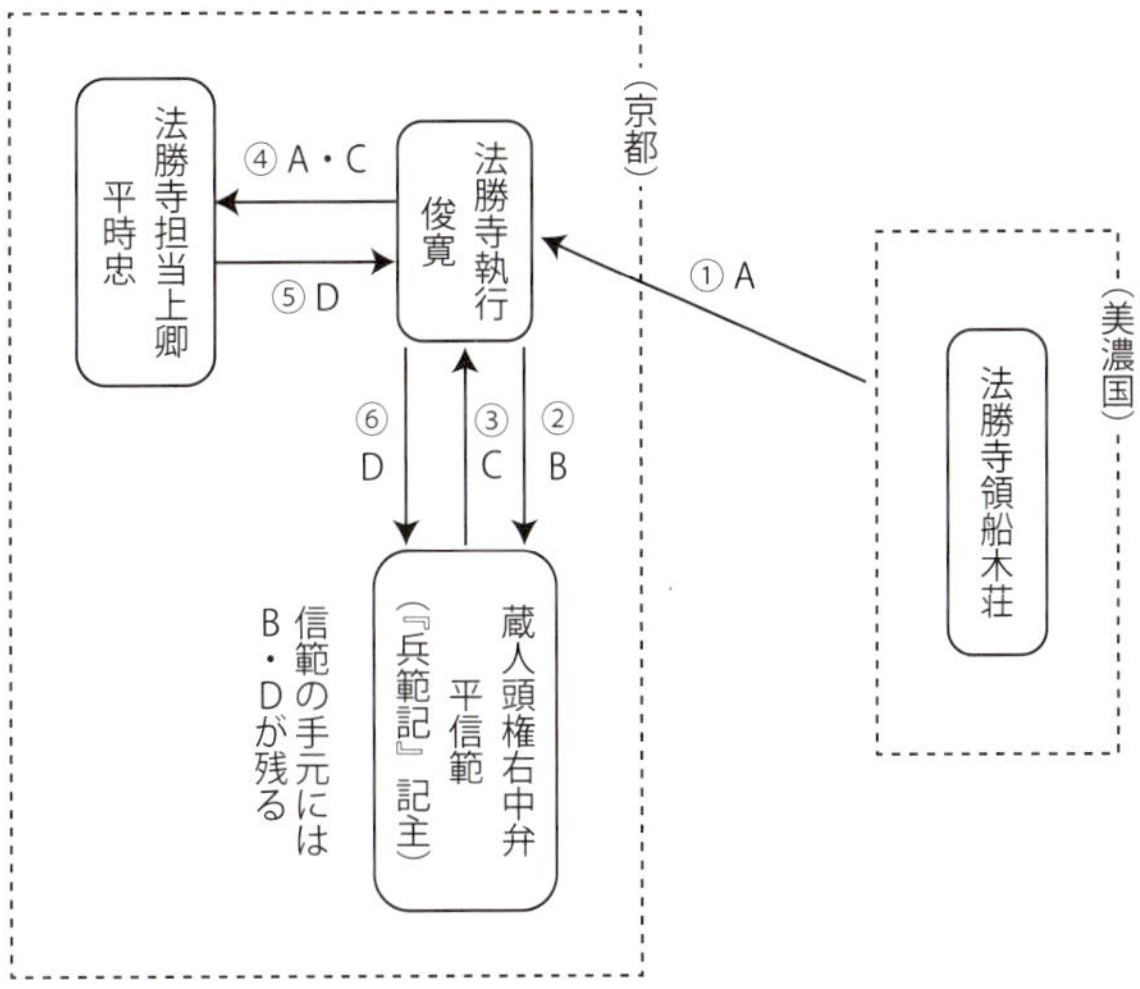

この二通の書状の関係を整理すると上図のようになる。①まず、法勝寺領船木荘現地から恐らく年貢減免を要求する上申文書A（俊寛・時忠書状に見える「船木（御庄解）」が京都の執行俊寛のもとに届き、②俊寛はAを時忠に提出する旨を書状B（俊寛書状）で頭弁信範に知らせた。③信範はBを手元に残し、事態を把握した旨の書状C（時忠書状に見える「頭弁書状」）を時忠宛に書いて俊寛に預け、④俊寛はAにCを添えて時忠に提出、⑤時忠はAとCを受け取り、返信に船木荘の訴えに対応する旨の書状D（時忠書状）を書いて俊寛に預け、⑥俊寛はDを信範に届けて時忠の意向を知らせた。以上のやりとりの結果、B（俊寛書状）とD（時忠書状）が信範の手元に残り、日記を書く料紙として再利用されたのである。

（尾上陽介）

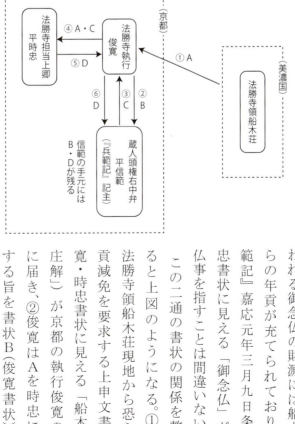

『猪御記目録』『日記目録』

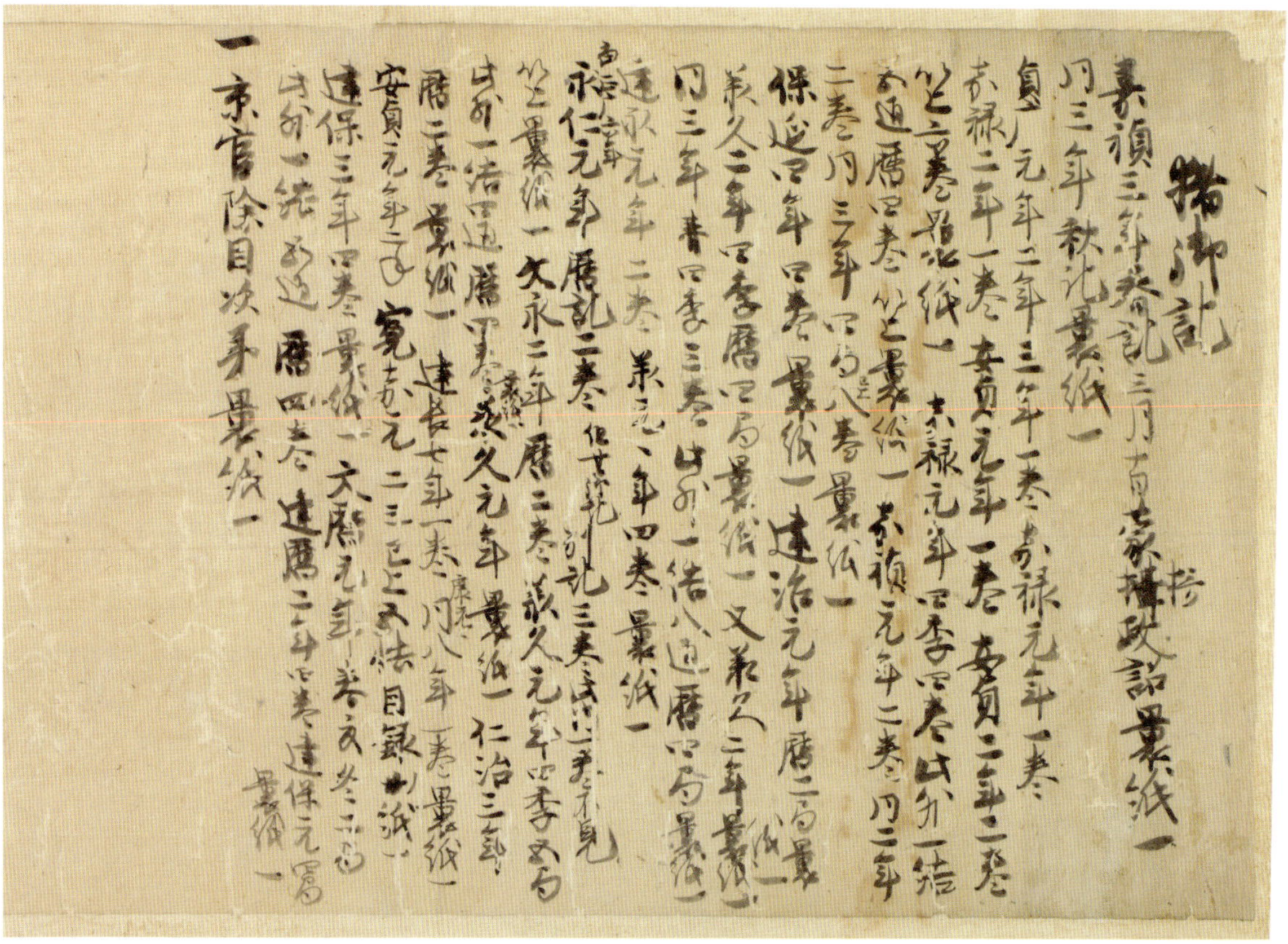

猪御記目録

○猪御記目録（二五六七二）　縦二九・九糎、横六二一・三糎（二紙続紙）

猪御記

嘉禎三年春記、三月十日蒙■(摂)政詔、裏紙一、
同三年秋記裏紙一、
貞応元年・二年・三年一巻、嘉禄元年一巻、
嘉禄二年一巻、安貞元年一巻、安貞二年二巻、
以上六巻裏紙一、嘉禄元年四季四巻、此外一結
五通・暦四巻、以上裏紙一、嘉禎元年二巻、同二年
二巻、同三年四巻、(已上)八巻裏紙一、
保延四年四巻裏紙一、建治元年暦二巻裏紙一、
承久二年四季・暦四巻裏紙一、又承久二年裏紙一、
同三年春四季三巻、此外一結八通・暦四巻、裏紙一、
建永元年二巻、承元々年四巻、裏紙一、
(当正応六年、)永仁元年暦記二巻(但無御記、)・別記三巻、此内一巻不見、
以上裏紙一、文永二年暦二巻、承久元年四季五巻、
此外一結四通・暦四巻(裏紙一、)○承久元年裏紙一、仁治三年
暦二巻裏紙一、建長七年一巻・同(康元々、)八年一巻裏紙一、
安貞元年・二年、寛喜元・二・三、已上五帖目録一紙一、
建保三年四巻裏紙一、文暦元年春・夏・冬二巻、
此外一結五通・暦四巻、建暦二年四巻、建保元四巻、裏紙一、
一、京官除目次第裏紙一、
○日記目録（二五六七四）　縦三一・二糎、横五五・五糎

承久元年

一巻　春
一巻　夏
一巻　秋
二巻　冬(一巻十・十一月、一巻十二月、)

此外一結四通
暦四巻

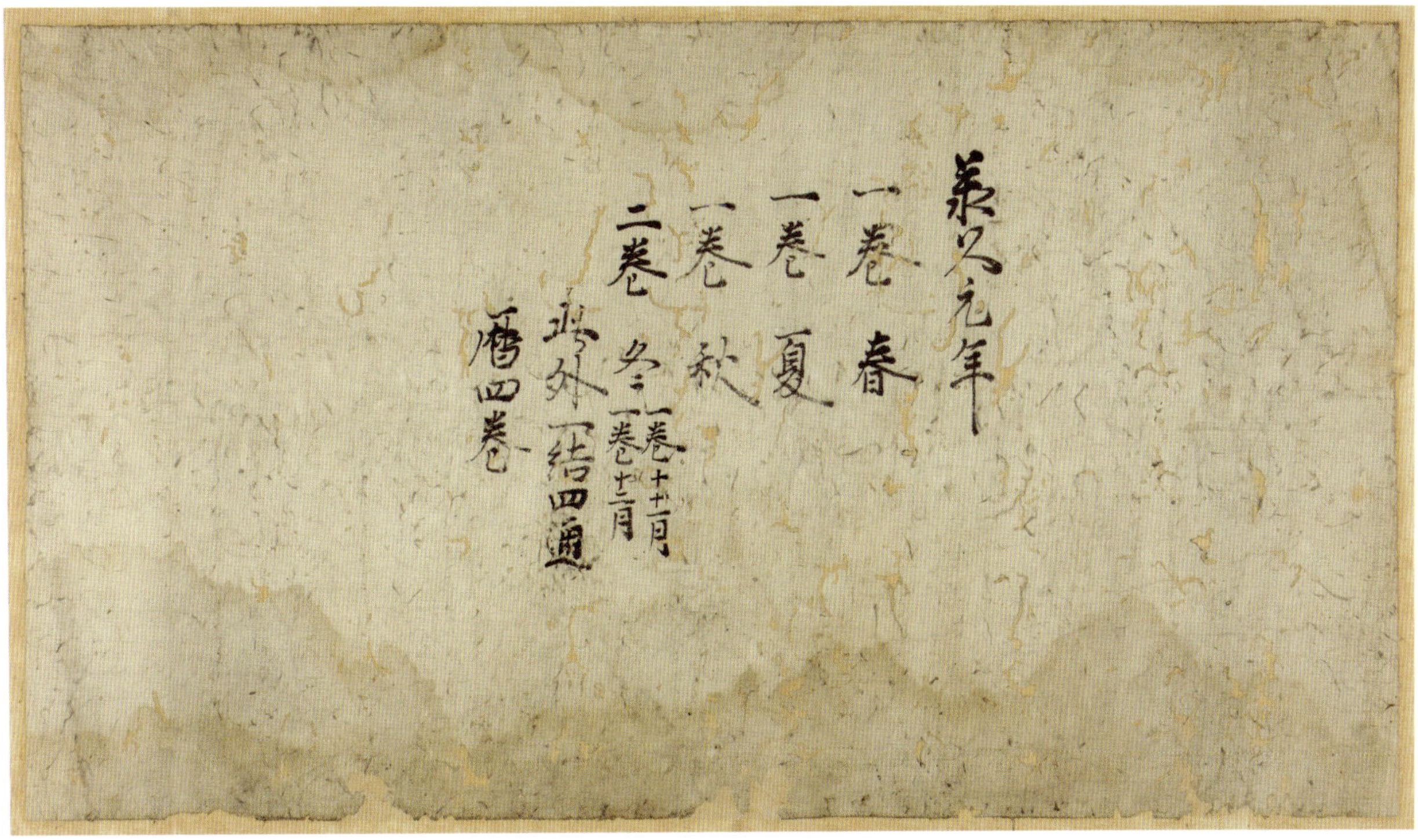

日記目録

陽明文庫にはこれらのような中世の日記目録が十数点所蔵されており、当時の近衛家における「家記」の存在状況が知られる（尾上「中世近衛家の日記目録について」新川登亀男編『日本古代史の方法と意義』所収、勉誠出版、二〇一八年）。『猪御記目録』は二点あり（一般文書目録二五六七一・二五六七三）、「猪御記」すなわち近衛家三代当主家実（一一七九～一二四二）の『猪隈関白記』の名称が見えることからその称があるが、他のものも含めて十二・十三世紀のほぼ二百年間に亘る日記類が基本的に「裏紙」単位で列挙されており、この「裏紙」の現物が『日記目録』であると想定される（例として承久元年のものを示す）。

上掲『猪御記目録』には保延四年（一一三八）から永仁元年（一二九三）までの年次が含まれ、たとえば「保延四年四巻」は現在失われている『兵範記』を指すと思われる。このように現存しない記録の存在や巻数などを伝える点で貴重である。

また、嘉禄元年（一二二五）の家記については「四季四巻、此外一結五通・暦四巻」と「一巻」が見える。これはこの年の家記が重複して存在したことを示しており、『猪御記目録』全体を分析すると、前者は家実の『猪隈関白記』、後者はその男で後に第四代当主となる兼経（一二一〇～五九）の『岡屋関白記』であり、前者が日次記四巻・附属文書五通・具注暦四巻という構成であったことも判明する。現存する嘉禄元年の『猪隈関白記』具注暦原本断簡は間空き五行（春夏秋冬各一巻）の立派なものであるが、記事は天気のみで、詳しい記録は日次記に書かれた。この時期の当主は家実であるが、兼経は貞応元年（一二二二）十二月に十三歳で元服し、廷臣として出仕し始めている。鎌倉時代の近衛家においては、当主が象徴的に間空きのある具注暦を用い、別に詳細な日次記や附属文書を添えた家記を残すとともに、次代の若者が簡単な日記（ここでは一巻のみ）を残すことで、代々の当主が日記を筆録して家記を蓄積するという営みを継承していたことがうかがえる。

（尾上陽介）

『明月記』紙背文書（某仮名消息）

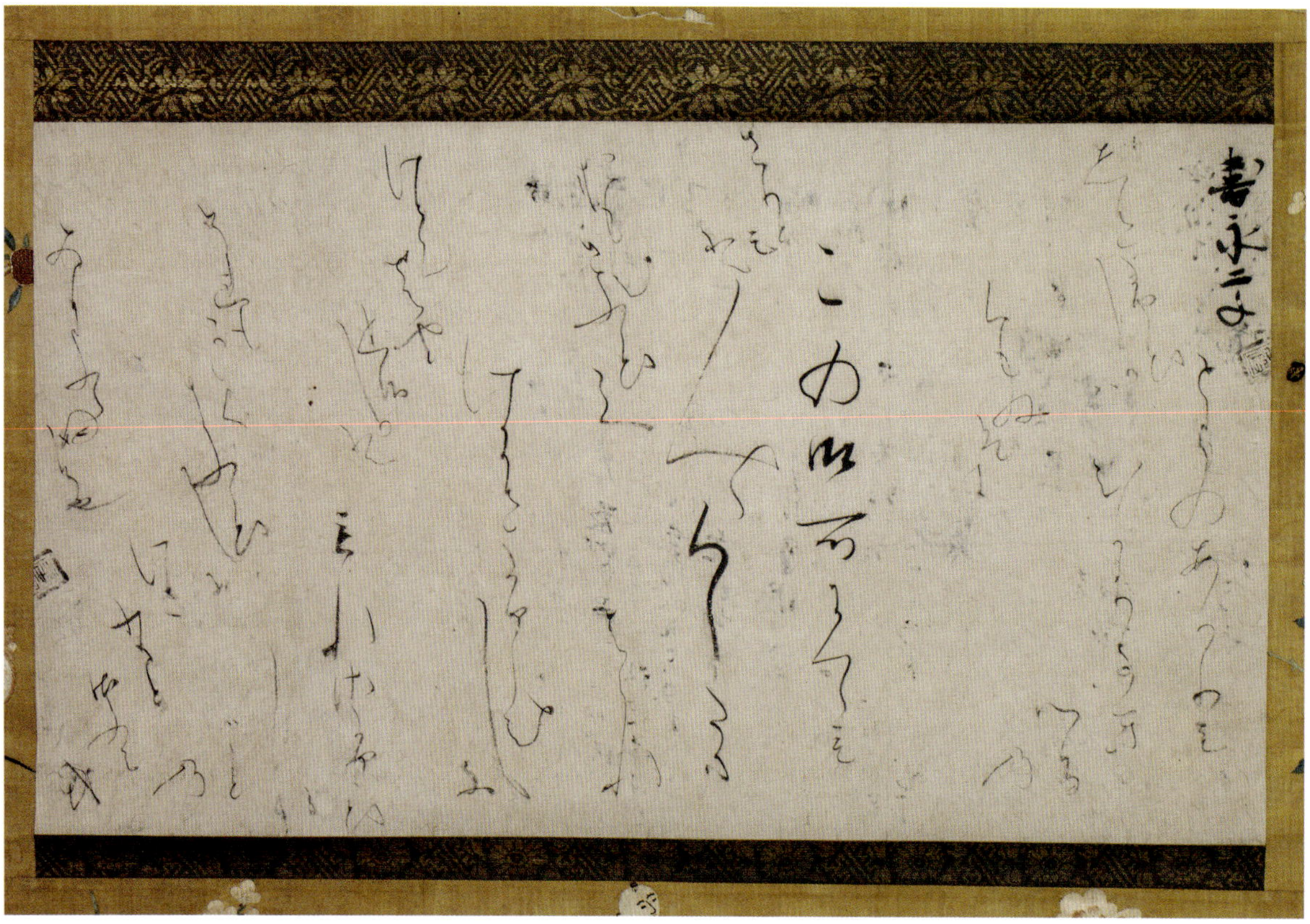

某仮名消息（『明月記』正治二年十二月十九日・二十日条紙背文書）

（異筆）「寿永二年」
この御所にても人々くしたまはられ、けにさふらひしに、もれさふらひ候しことの、とよのあかりもひかりなき心ちのしさふらひしかは、くもゐにてはさりともとおもひさふらひて、けさんせはやと思候しかと、それもかいくさ〔な脱カ〕ふらひしに、けさわさと御ふみをみさふらふこと也、（後紙欠）

料紙左右端に特徴的な「重政」継目黒印が見え、藤原定家の日記『明月記』原本から剥ぎ取られた紙背文書と判明する。右端上部に定家風の筆跡で「寿永二年」とあるが、高精細デジタル画像を反転すると、もとの日記の記事の墨痕が一部判読でき、正治二年十二月記の紙背であったことが判明する（左画像参照）。素直に考えれば紙背文書の年次を定家が注記したものとなるが、あるいは後人が定家の書風をまねて追記した可能性もあろうか。近衛家熈は仮名消息の筆者を坊門局と鑑定し、実際に茶掛けに使用しているが（『槐記』享保九年六月二十日条）、人名比定の根拠は不明である。（尾上陽介）

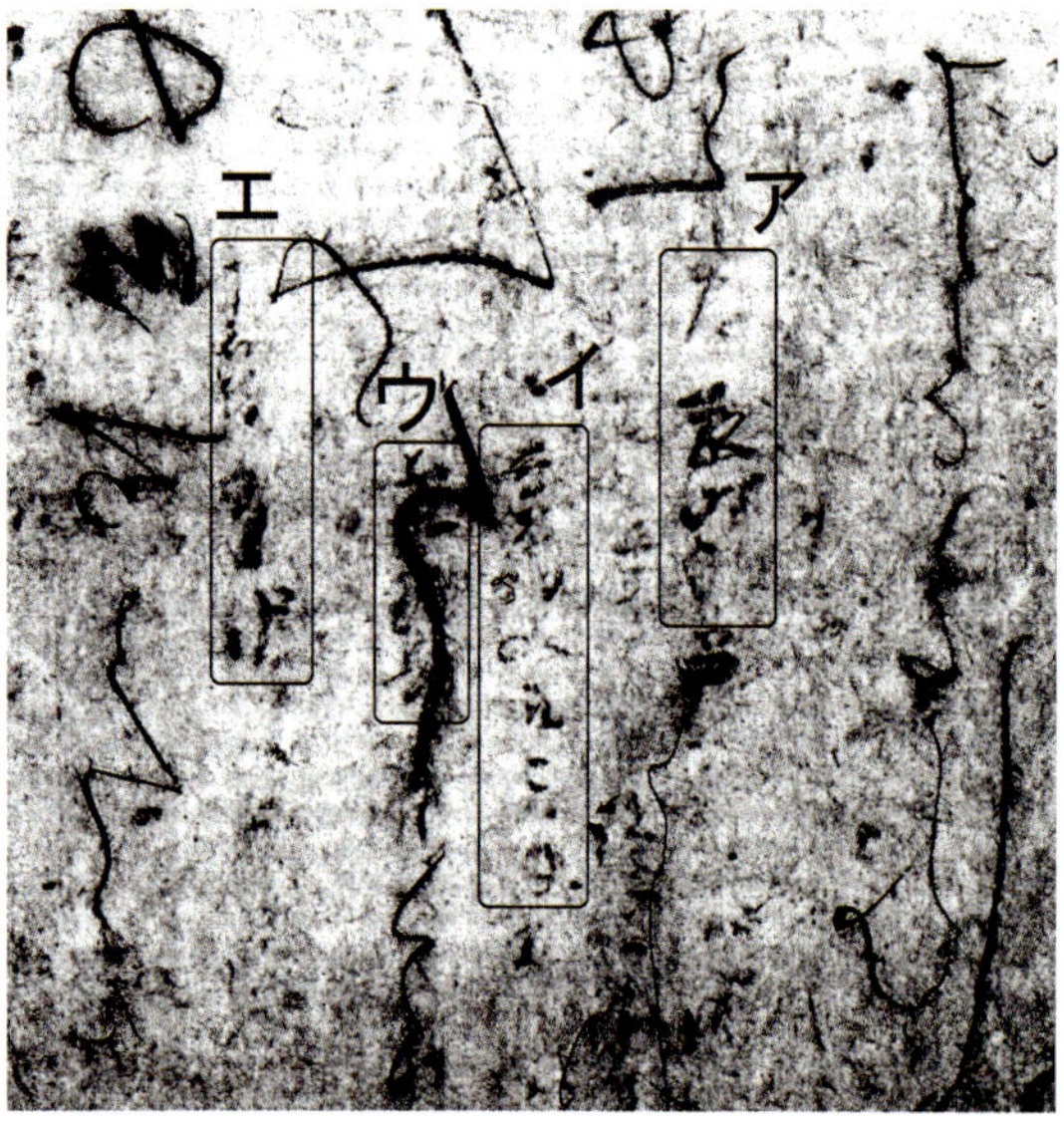

【反転画像】
正治二年十二月二十日条の一部が判読できる。
ア「参亥時許」
イ「業清又取今一枚」
ウ「置理髪」
エ「〔　〕井衣冠進候」

『後法興院関白記』と『雑事要録』の紙背文書

陽明文庫に伝わる中世文書は、質量ともに超一級の記録・典籍の陰に隠れ、注目されることが少ない。同文庫に伝わる室町時代の文書で最も有名なのは、南北朝合一時の両朝合体条件を載せる足利義満書状案を含む『経歴羽林並衛府官例』（革文庫Ⅰ二五八〇九）であろう。これは、吉田兼倶が子息兼致を兵衛佐に任官させるため後土御門天皇に提出した文書案そのもので、もとは禁裏文書だと思われる。陽明文庫には、近衛基凞が後西天皇から分与された禁裏由来の記録・典籍があり、方仁親王（正親町天皇）充てとみられる後奈良天皇消息（一般文書九一八八六）など、本来は禁裏文書であったことが明白なものも存在する。『経歴羽林並衛府官例』も、そのようなもののひとつとして位置付けることができるだろう。

もとから近衛家に伝わる文書では、家領丹波国宮田荘に関するものが多少まとまって存在するが、質量ともに随一といえるのは、いまだほとんど検討のなされていない『後法興院関白記』および『雑事要録』の紙背文書である。『後法興院関白記』は、応仁の乱後の当主近衛政家（一四四四～一五〇五）の日記で、文正元年（一四六六）から永正二年（一五〇五）に至る四十年のうち三十年分が残り、文明十一年（一四七九）以降の連続する二十七年分（約九〇〇紙）は、ほぼすべてに紙背文書が存在する。『雑事要録』も、同じく政家（一部はその父房嗣）が記した同家の収支簿で、数年分の欠失や若干の錯簡があるものの、文明十年から永正二年に至り、『後法興院関白記』と同じ期間を覆っている。そして、こちらも約七七〇紙のほとんどに紙背文書が存在する。

両書の体裁は同一で、上下に半截した反古の裏面を料紙に用い、紙捻で綴じた横長の袋綴冊子である。もとが竪紙の場合、上下半分のかたちで残り、判読には接続を試みて本来の姿を復元しなければならない。切紙の書状も存在し（一乗院門主の書状の大半が該当）、竪紙の半片だけが残っているものもあるので、全部で九〇〇紙を超える文書群ということになりそうだ。同時期に並行して書かれたため、一紙の上下が、かたや『後法興院関白記』の裏面に、かたや『雑事要録』の裏面に残っている場合も少なくない（復元したかたちで約八〇紙）。したがって、近年、紙背文書まで同一規格でデジタル撮影がなされたことで、はじめて両書の紙背文書を一体の文書群として検討することが可能になったのである。

内容は、政家とその子尚通の手になる書状や和歌懐紙の草稿、他の摂関家当主（一条冬良、二条政嗣、九条政基など）や近衛家に近しい門跡寺院の院主（聖護院道興、一乗院教玄、同良誉など）の書状、禁裏の女房奉書、尼門跡の院主（安禅寺芳苑恵春尼、曇花院祝渓聖寿尼など）の消息などが過半を占める。つまり、当代最高の貴顕間における書信の往来を示す文書群である。廷臣に注目すると、摂関家当主以外の書状がほとんど存在しないなど、残された文書には明らかな偏りが見てとれる。

この偏りが生じた理由を示唆するのが、次頁に掲げた聖護院道興書状である。冒頭に「杉原払底候程に、事々敷様に候へ共、引にて申候」とあり、書状の料紙として最も一般的であった杉原紙が手許にないので、おおげさな感じもするが、引合を使って手紙を送ると述べる。この料紙は引合という紙種なのである。そして、両書のなかでこの一紙は特異なものではなく、料紙には相応の斉一性が認められる。半截のうえ翻して綴じており、紙背文書に対する保存の要素は乏しく、政家が反古のなかから料紙が上質のものだけを選定したため、結果として差出人が限定されたのに違いない。

いま一点、九条政基の書状を掲げてみた。政基の子尚経の日記『後慈眼院関白記』の記載から明応三年（一四九四）のものと知られる。京都西郊の梅宮社（橘氏社）と東梅津とが抗争に及んだため、近衛家領桂荘が東梅津に加勢しないよう、同荘の代官に命令して欲しいと依頼している。尚経が是定として橘氏長者を代行したため、梅宮社の求めに応じたのだろう。政基の書状は、この件に関する三通に限られ、普段から交際のあった一条冬良や、公事の作法をめぐって交流のあった二条政嗣とは異なり、政家と疎遠だったことがうかがわれる。

（末柄　豊）

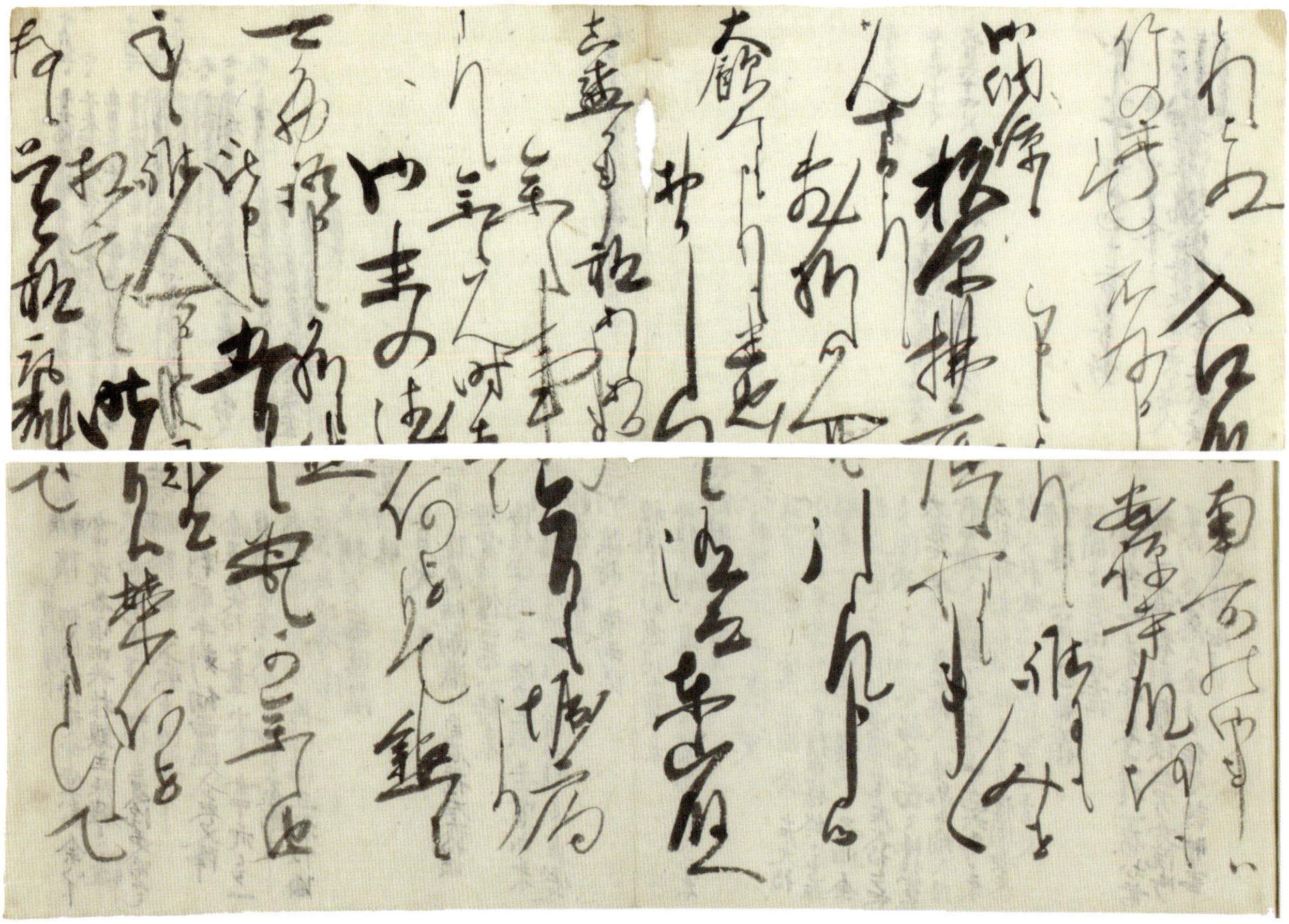

聖護院道興書状　本紙（上部：雑事要録紙背文書、下部：後法興院関白記紙背文書）

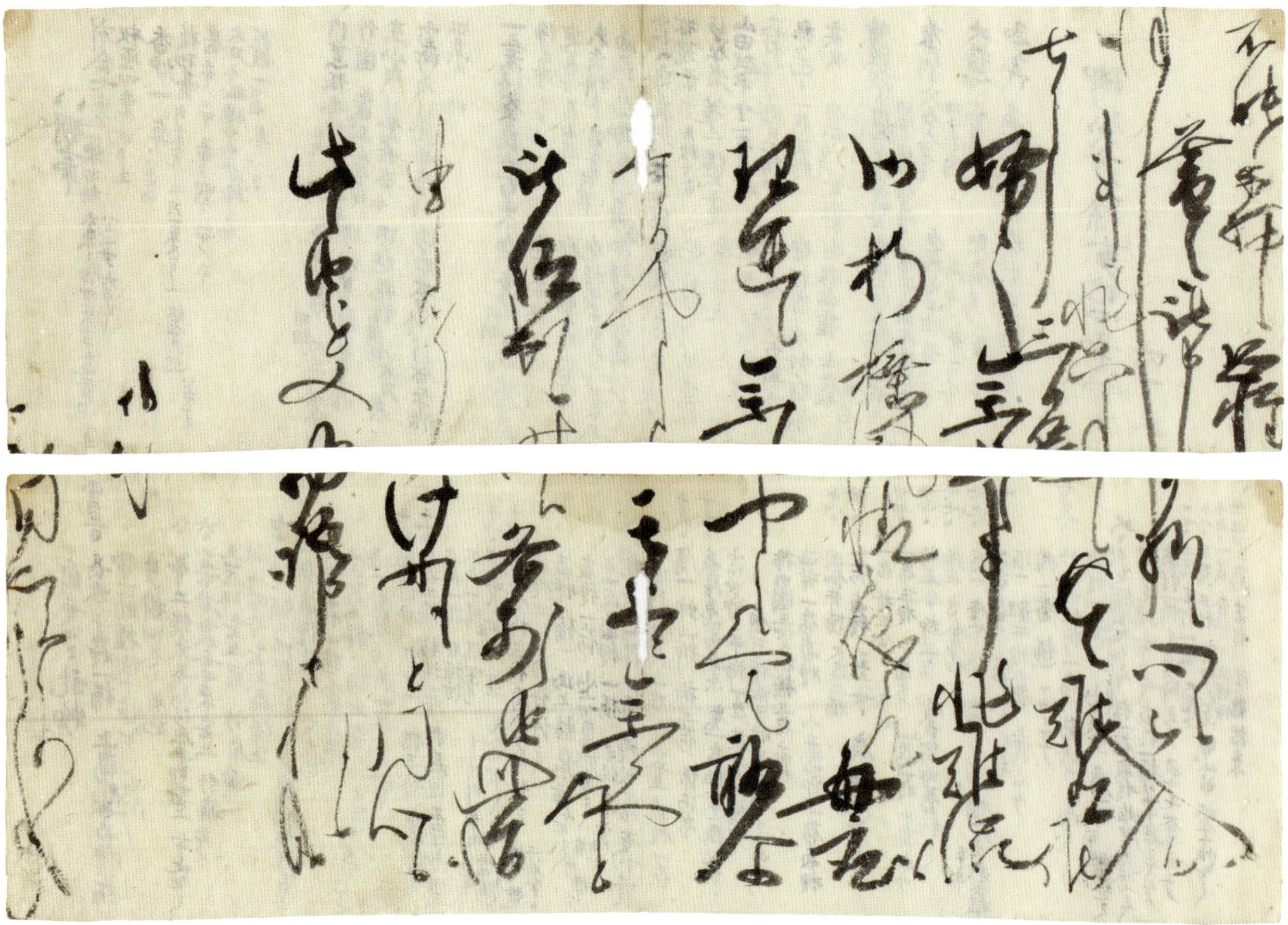

聖護院道興書状　裏紙（雑事要録紙背文書）

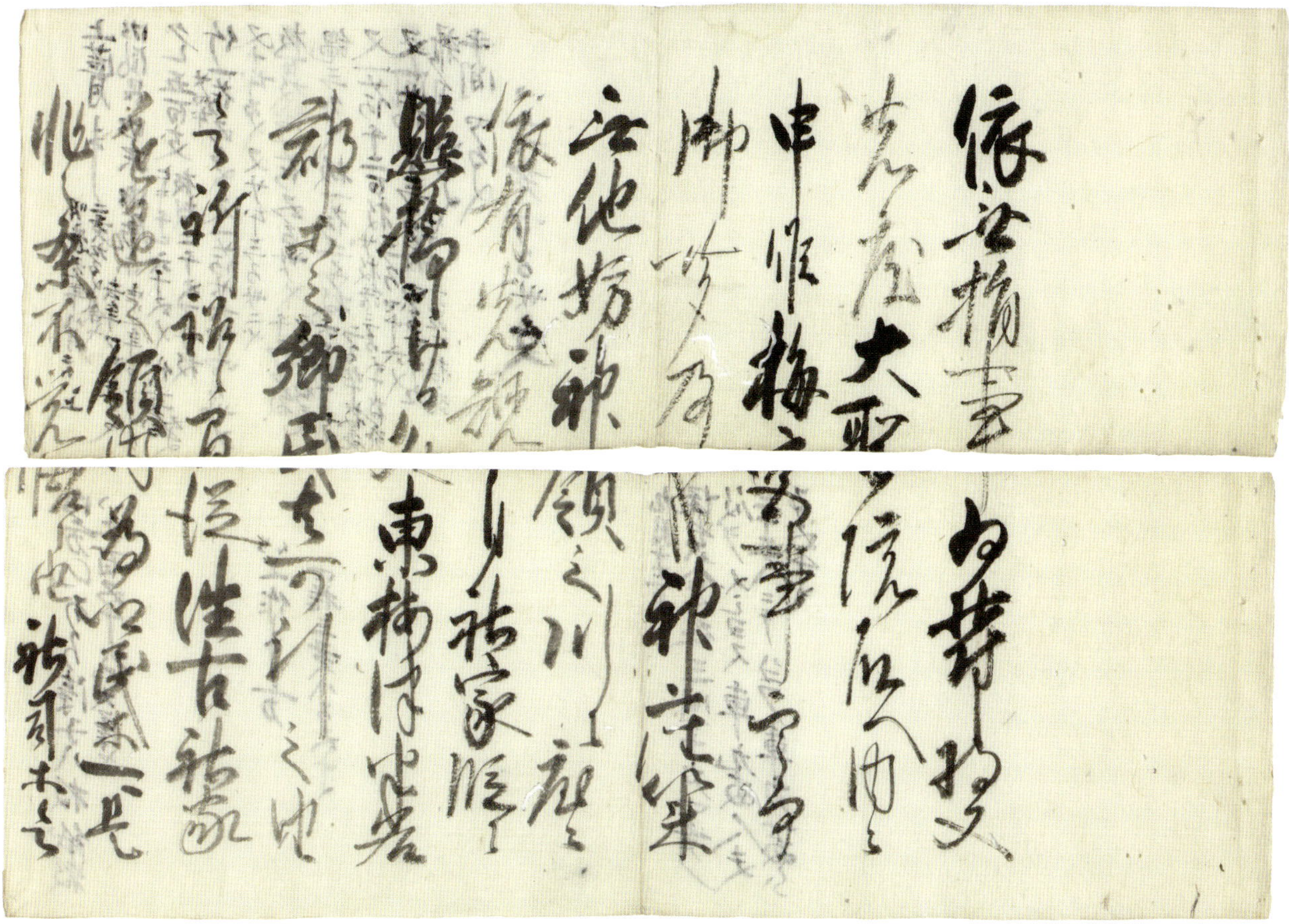
九条政基書状　本紙（雑事要録紙背文書）

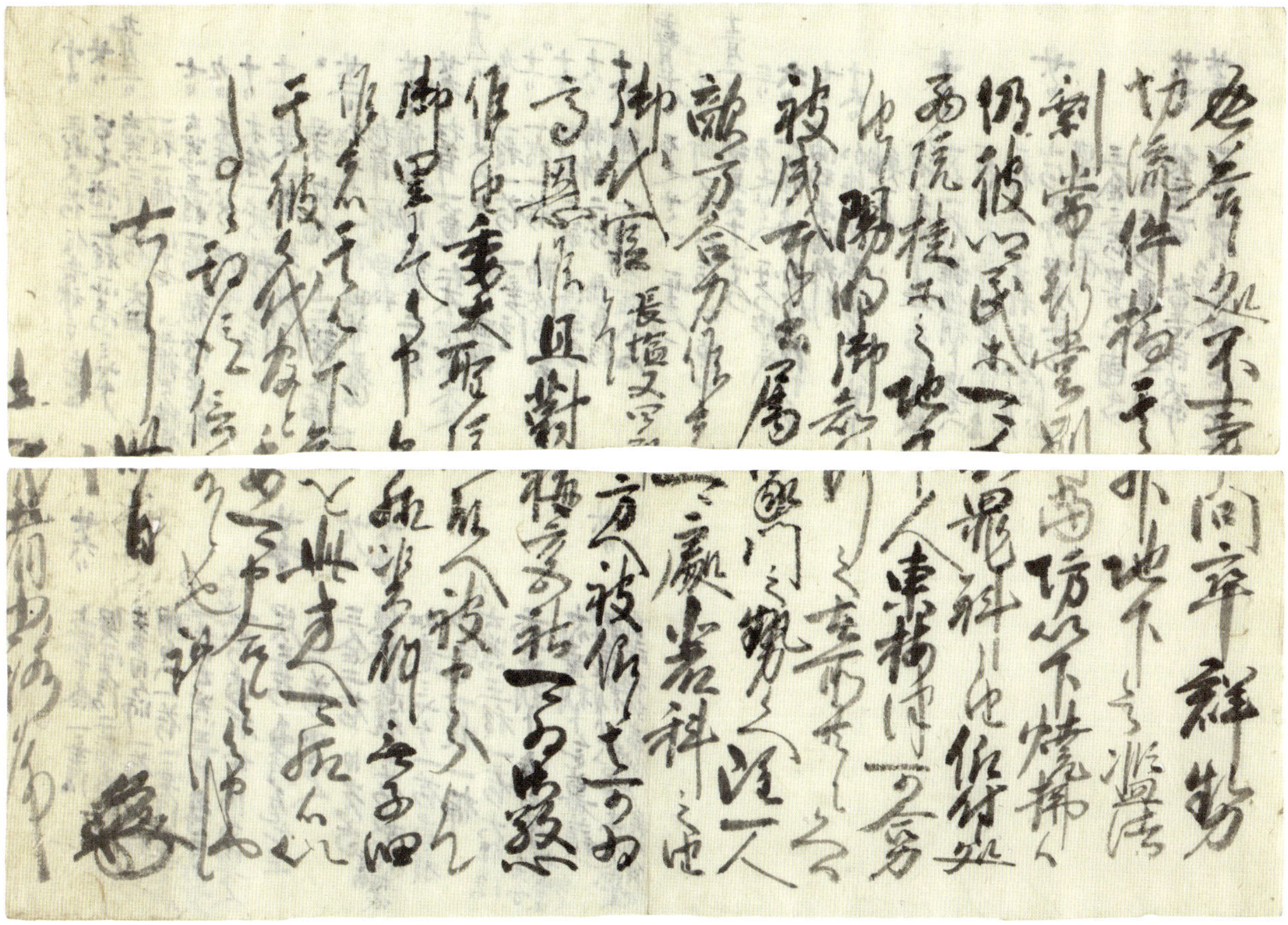
九条政基書状　裏紙（雑事要録紙背文書）

『勘例』七巻 ——初めて紹介される局務・官務の勘文集成——

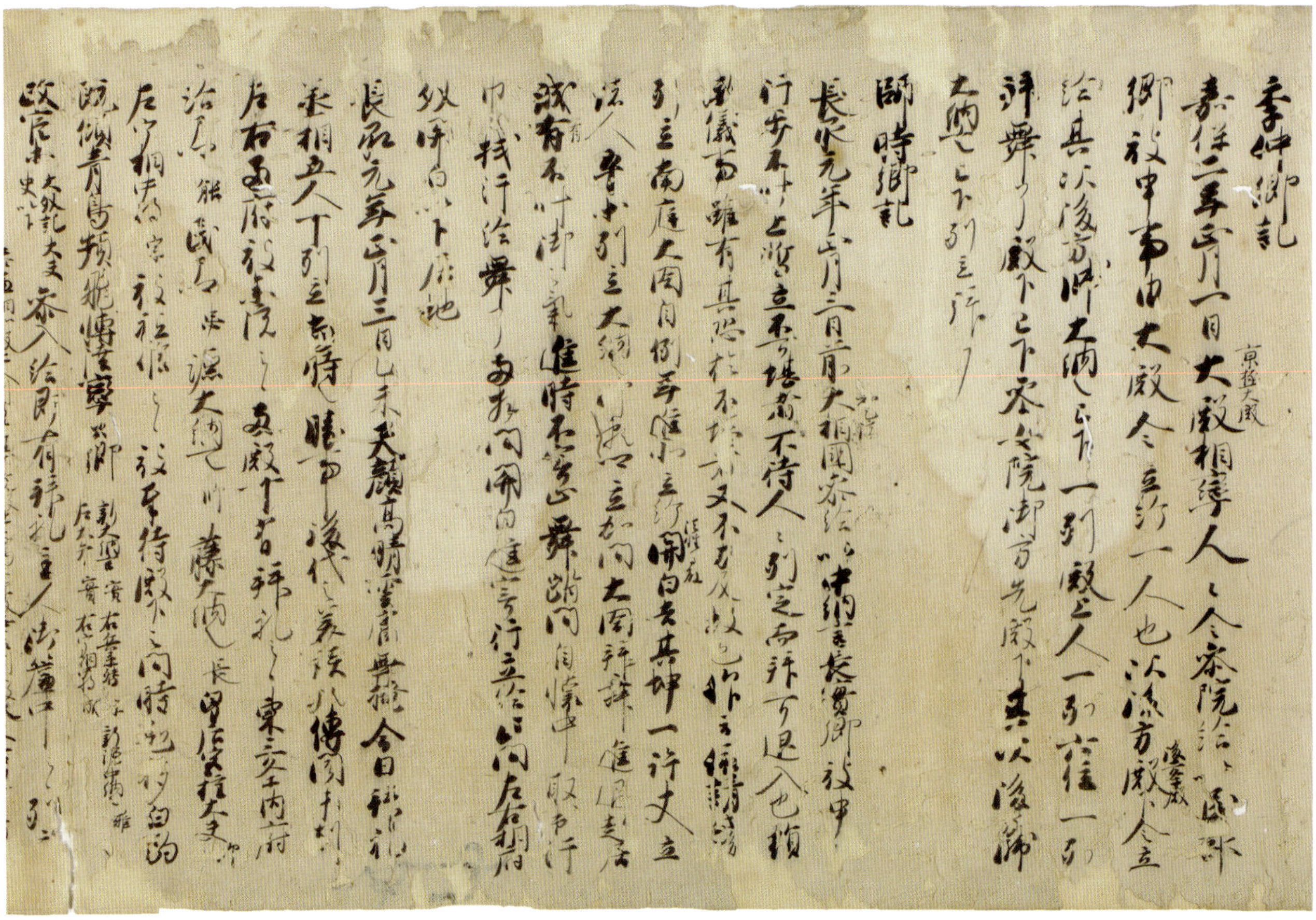

『勘例』 第14函 第83号 第2～4張

陽明文庫所蔵『勘例』は、近衛家歴代当主の日記など近衛家伝来本のうち、自筆本『御堂関白記』など最重要資料を含む「近衛家記録十五函文書」に収められ、「勘例」等、以下に示す①から⑦の標題が付せられた巻子本七巻と、そこから離脱した若干の断簡（「一般文書目録」収載）から構成される。

①『勘例 賭弓之事』〔第十三函十六号〕一巻、②『勘例 始終位階越階等之例』〔第十三函十七号〕一巻、③『勘例 御薬・朝賀・小朝拝』〔第十三函十八号〕一巻、④『勘例 自前大納言任大臣以下諸叙任例』〔第十三函十九号〕一巻、⑤『勘例 納言以下諸例』〔第十三函二十号〕一巻、⑥『除目旧例』〔第十三函二十一号〕一巻、⑦『勘例 拝礼・列立等之事 次二宮大饗、次卯杖、次女王禄 次行幸・朝覲行幸之事』〔第十四函八十三号〕一巻。

本書は、十三世紀前半から正中元年（一三二四）の間に外記（局務）中原氏（師季・師兼・師光ほか）や左大史（官務）小槻氏（季継・淳方）等により作成された勘文などをもとに政務の先例集としたもので、延文二年（一三五七）の年紀がある紙背文書の存在等から、最終的には十四世紀後半に編集されたことが推定されている。その内容は、四方拝・御薬・朝賀・小朝拝・元日節会・宴会楽・隼人・白馬節会・踏歌・節会間雑例（以上、③）、関白家拝礼・院拝礼・女院拝礼・二宮大饗・卯杖・女王禄・朝覲行幸（以上、⑦）、叙位・加階・叙爵・女叙位（以上、②）、射礼・射遺・賭弓・列見・定考・政・結政請印・内印・着鈦政・官奏（以上、①）など、四方拝以下、官奏までの恒例の年中行事の諸行事や、大臣・中納言・参議以下、八省などの任官例（以上、④）、近衛中少将・将監以下武官、検非違使・下官（受領）・蔵人などの任官例（以上、⑤）、除目の日次などの旧例（⑥）などの任官例が記されている。『勘例』七巻には、年中行事では五月・十二月の「着鈦政」や四月一日の「官奏」までしかなく、更に①に「内印 鹿嶋符事見二彼使部一、在二諸社祭内一」とあり、「鹿嶋使部」という項目が「諸社祭」にあったことが知られる。『勘例』七巻には、「諸社祭」に関する部分が存在しないので、現在伝えられている『勘例』は全

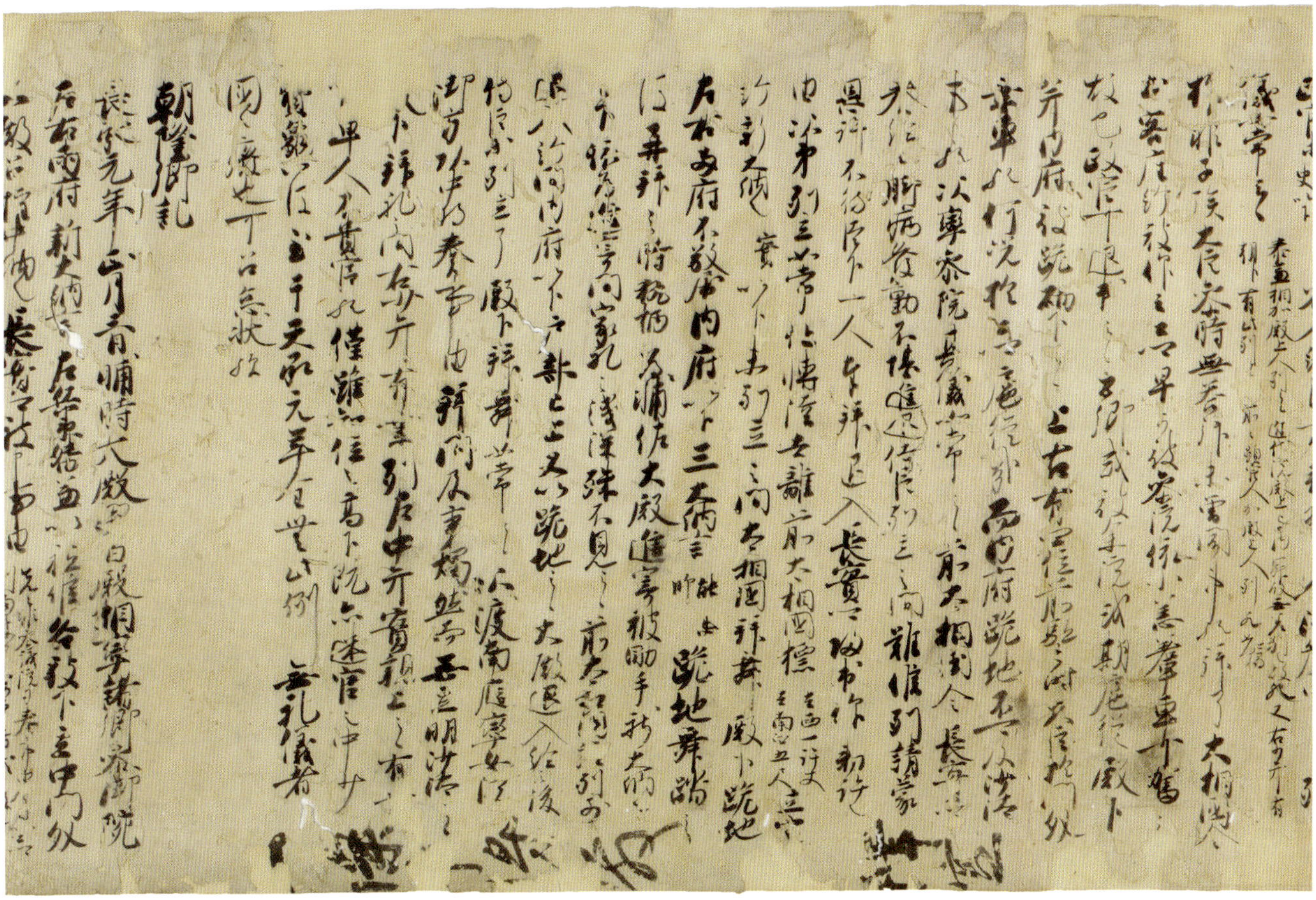

体の約半分くらいで、また恒例の年中行事部分と、任官の例（任官部）・諸社部などの政務部分とに分かれていた可能性がある。時代的には十世紀から十三世紀の記事を中心に全部で約一四〇〇条収載され、古いものでは、応神天皇十九年などを除けば、七世紀後半から九世紀後半までの史料も収録され、中には佚書の逸文も引かれる。これまで『大日本史料』一（補遺）・二・三の各編や『山口県史』など一部の自治体史などに引用され、宮崎康充編『国司補任』一～五（続群書類従完成会）などでも利用されるが、大部分は未翻刻で全容が紹介されていないため、学界待望の史料であった。しかし、二〇一八年六月、①～③・⑦を収載する『陽明文庫本　勘例』上巻が大日本古記録の一冊として刊行され、続刊予定の下巻には④～⑥及び、全体の編年史料・人名・引用典籍などの索引を収録予定で、短い記事が多いが、『大日本史料』一～五編の再活用が期待される。

⑦『勘例（拝礼・列立等之事 次二宮大饗、次卯杖、次女王禄、次行幸・朝覲行幸之事）』第14函　第83号
第2～4張　「院拝礼」

元日または二日か三日に年頭の賀礼として、諸臣が院に参入し、庭上に公卿・殿上人・六位がそれぞれ一列に並び拝舞に礼を行う「院拝礼」に関する先例として、藤原季仲の日記「季仲卿記」嘉保二年（一〇九五）正月一日条、源師時の日記「師時卿記」（「長秋記」）と某（藤原伊通カ）の日記及び藤原朝隆の日記「朝隆卿記」の長承元年（天承二年・一一三二）正月三日条が引用される。「季仲卿記」と「朝隆卿記」とはもともと逸文でしか伝わっておらず、『長秋記』長承元年条は五月からしか伝えられていないので、全て逸文である。従来、前太政大臣で「大殿」と呼ばれていた藤原忠実や関白藤原忠通が鳥羽上皇に対して行ったこの日の院拝礼に関しては、日次記では藤原宗忠の『中右記』の記事しか知られていなかった。

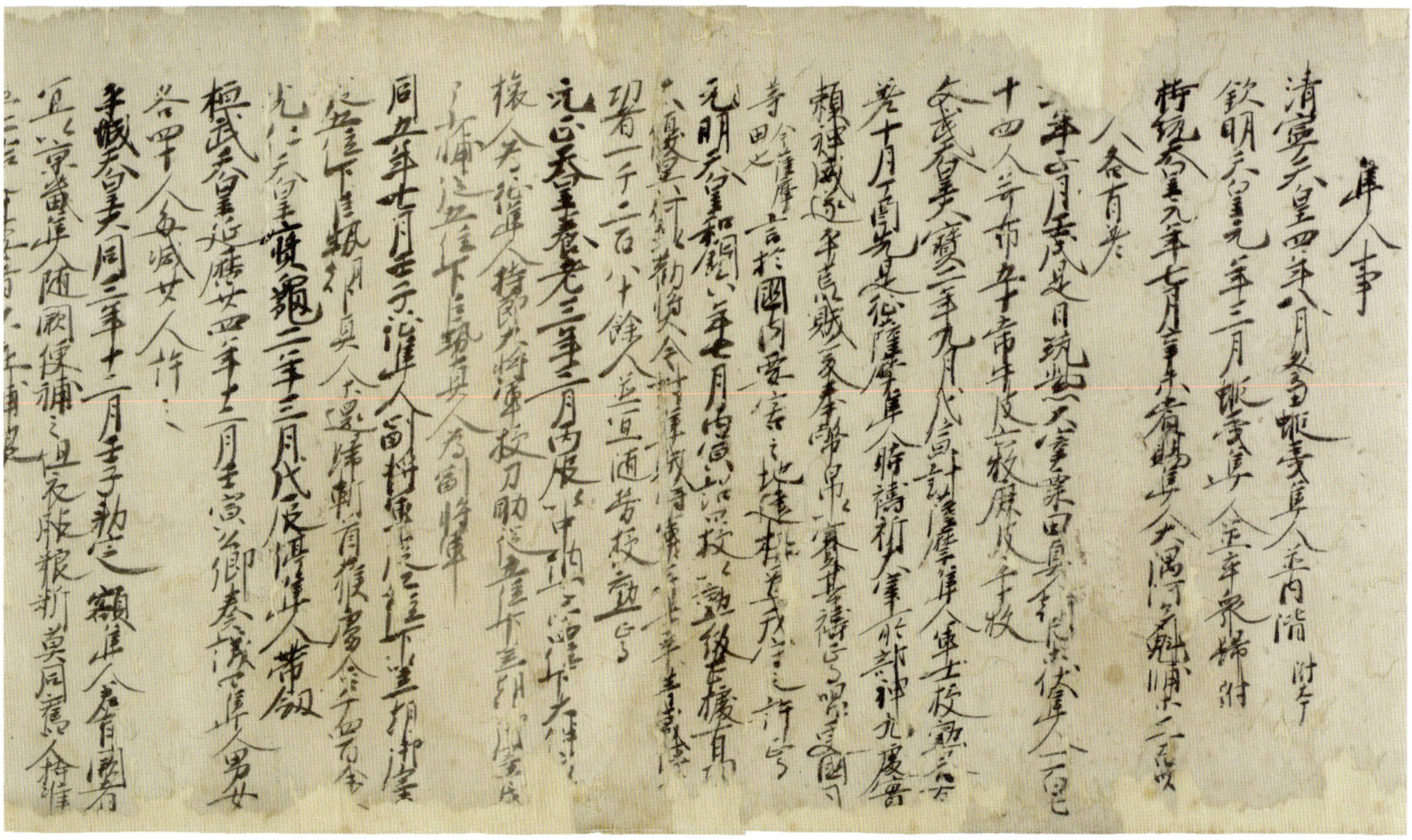

『勘例』 第13函　第18号　第24～26張

③『勘例　御薬朝賀小朝拝』第13函　第18号
第24～26張　「隼人事」

隼人は薩摩・大隅に住み、大和政権に従わなかった異種族と見做された人々で、五世紀後半以降、次第に服属し、八世紀初頭にほぼ完全に服属した。中央に上番して、宮門の警護や儀式の際に参列し、犬の吠声のような声を発したり、風俗の歌舞を行ったりするなど、服属儀礼をおこなった。清寧天皇四年八月癸丑条から平城天皇大同三年十二月壬子条まで、『日本書紀』『続日本紀』『日本後紀』の記事を十一条引用するが、『類聚国史』巻百九十　風俗　隼人と配列などが同じであるので、正史からの直接的な引用ではなく、「国栖」と同様に（『類聚国史』巻百九十　風俗　國樔、参照）、『類聚国史』からの引用であろう。現存の『類聚国史』は同条が抄録本なので、『類聚国史』の逸文でもある。

③『勘例　御薬朝賀小朝拝』第13函　第18号
第12・13張「国栖事」・第46・47張「踏歌」

国栖とは大和国吉野川の上流に住み、大和政権から異種族と見做されていた非農耕民。「日本紀」誉田天皇（『日本書紀』応神天皇）十九年十月戊戌朔条が引用されているが、応神天皇が吉野宮に行幸した時に、「國樔人」が「醴酒」を献じた故実に因み、元日節会などで笛を吹き、口鼓を打って風俗歌を奏し、贄を献じた。「弘仁宮内式云」として引用される式文は、新出の弘仁式逸文で、「延喜宮内式」59国栖条に対応する条文（「弘仁宮内式云、凡供奉節會吉野國栖・御勝笛工、……」）で、両者の違いは、（ⅰ）弘仁式では、本文で国栖と笛工とが列挙されているのに対して、延喜式では国栖と一括され、「供奉」の内容が、「献御贄、奏歌笛」と具体的に示されていること、（ⅱ）笛工のうち二人が山城国綴喜郡在住であると記されていること、（ⅲ）禄を支給される節会が年二回であったものが、十一月新嘗祭のみに減じられていること、が小倉慈司氏によって指摘されている。「御勝」は「御膳」の誤写の可能性もあるが、不明である。今後の弘仁式・延喜式の比較研究に資する貴重な逸文。

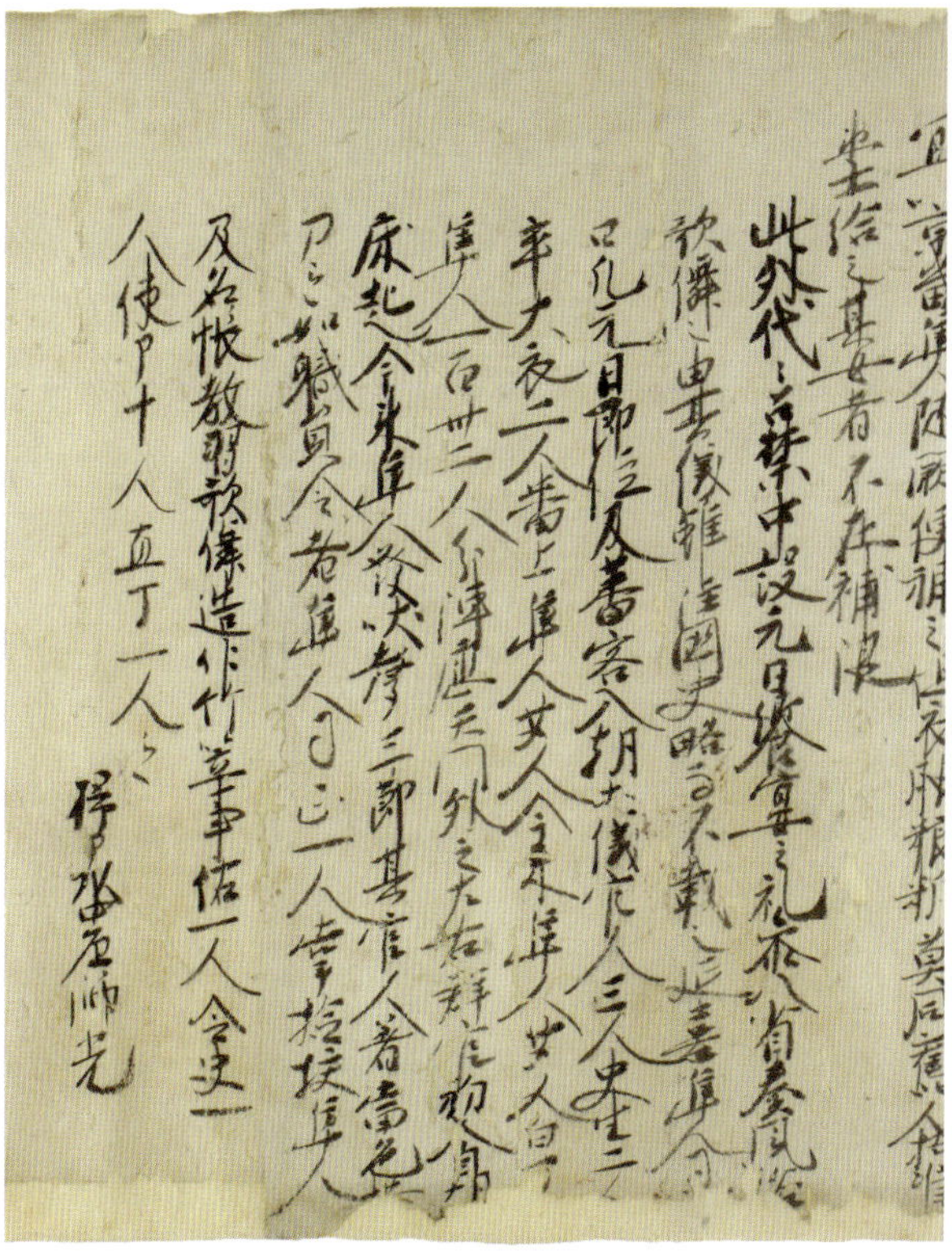

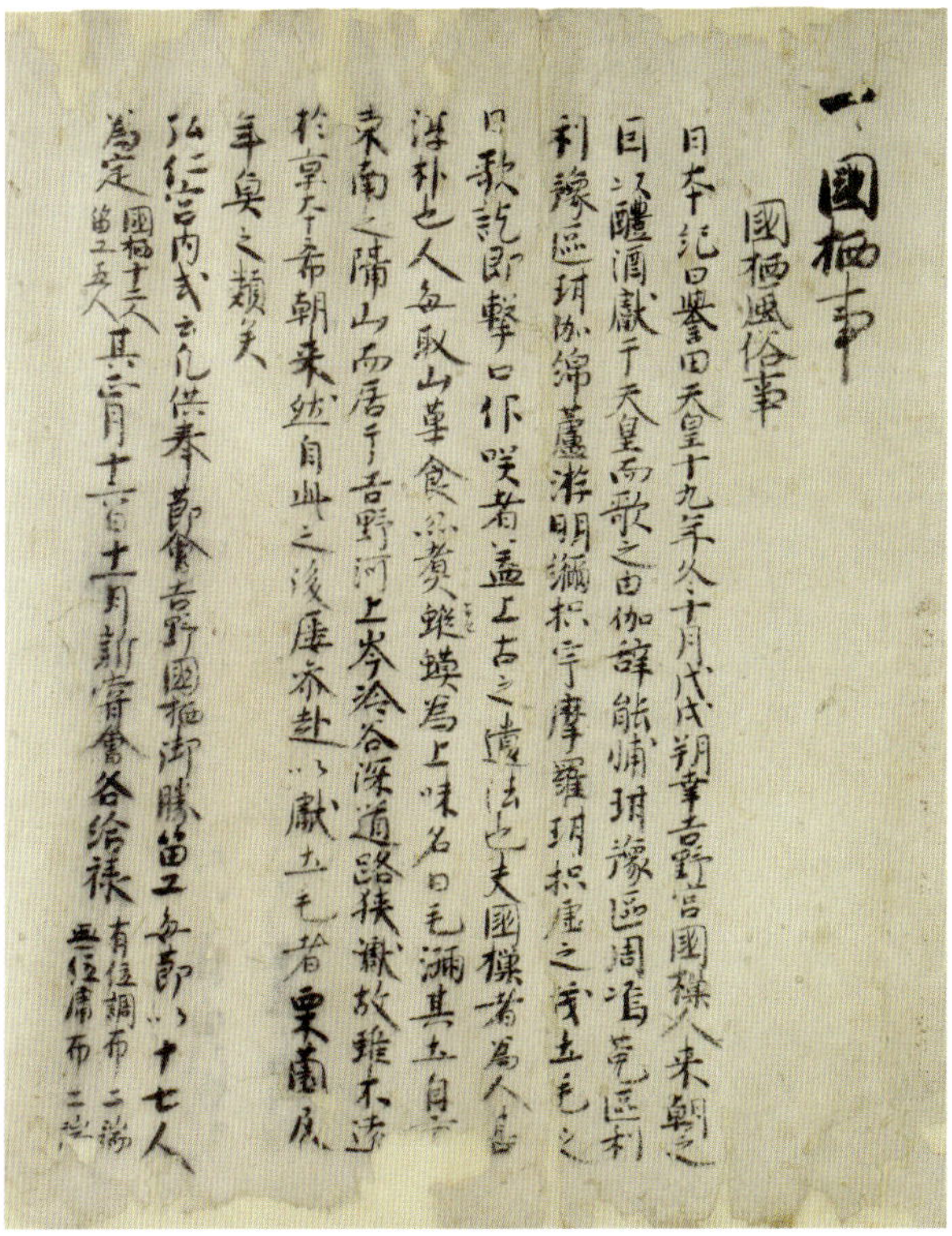

『勘例』　第13函　第18号　第12・13張

一方、「踏歌」（図版は三二頁に掲載）は中国から伝わった集団で足を踏み鳴らして歌い舞うもの。正月十四日には男踏歌、十六日には女踏歌が行われた。「朝野僉載」は、唐・張鷟が、則天武后の頃に、朝廷と民間とで見聞した事柄を書き留めた随筆集で、『旧唐書』・『新唐書』の列伝に現れてこない人物の伝記や逸話の中に当時の風俗習慣が記載されている貴重な資料であるが、引用記事は、睿宗の先天二年（七一三）正月十五日・十六日の夜に唐・長安城で行われた踏歌の模様を記す。従来知られている本文と異なる部分もある。「本朝月令」は十世紀前半から中頃の明法博士惟宗公方が、正月から十二月までの年中行事の由来・由緒を説明するため和漢の典籍・文書を引用して撰した現存最古の年中行事書。全六巻とも四巻ともいう。四月から六月までの一巻のみ現存する。引用記事は逸文。「官曹事類」は延暦二二年（八〇三）に菅野真道ら撰の官撰書。『本朝法家文書目録』によれば三十巻で同書に「序文」と目録と見える。序文によれば、『続日本紀』の「雑例」で、文武天皇元年（六九七）から延暦十年（七九一）までの事項で、官司に備えて執務の参照にすべきと思われる記事、『続日本紀』撰修の際に、「米塩砕事、簡牘常語」を集めて部類し、参照しやすくした古代の政務記録書と言われている。『政事要略』などに逸文が残るのみである。引用記事は既に知られている内容だが、本条も逸文。

（田島　公）

参考文献

田島公「陽明文庫所蔵『勘例』内容目録」『禁裏・公家文庫研究』第四輯　思文閣出版　二〇一二年三月

小倉慈司「陽明文庫所蔵『勘例　御薬・朝賀・小朝拝』所引弘仁宮内式逸文」『禁裏・公家文庫研究』第五輯　思文閣出版　二〇一五年三月

東京大学史料編纂所編『陽明文庫本勘例　上』大日本古記録　岩波書店　二〇一八年六月

田島公・藤原重雄「『大日本古記録　陽明文庫本勘例　上』出版報告」『東京大学史料編纂所報』五三号（二〇一七年度）二〇一八年一〇月

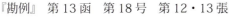

『勘例』に見える九世紀以前の史料

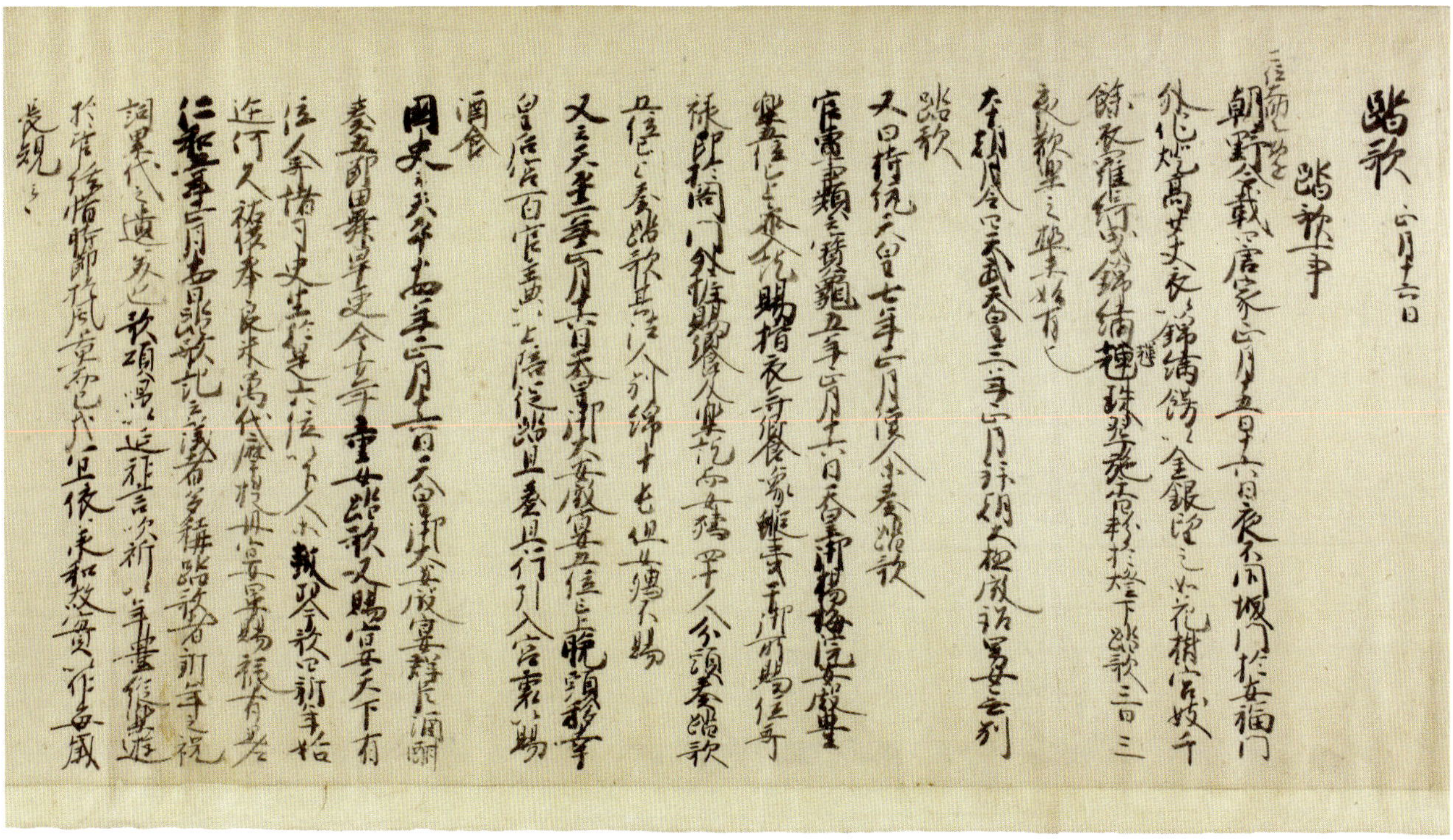

『勘例』 第13函 第18号 第46・47張

『勘例』に引用されている先例は、その引用の仕方によって大きく二種類に分けられる。一つはA史料名を挙げて記すものである。その大部分は③に収められており、⑦にも多少確認できる。これに対し、B依拠史料を明記せずに引用する記事も見られる。数量的にはAは少なくBが大半を占める。Bのうち古記録との関係については黒須友里江氏の調査があり、『小右記』や『中右記』などがもとにされていることを明らかにしている（「陽明文庫所蔵『勘例』十三函十八号における先例記事の特徴」田島公編『禁裏・公家文庫研究』六、思文閣出版、二〇一七年）。『勘例』に引用されている先例は、A・Bともに一〇世紀以降のものが多く、九世紀以前は限られている。

その限られた九世紀以前の史料について、まずはAから逸文史料を三例紹介する。

一つは③の「国栖風俗事」に引かれる「弘仁宮内式」である。記事の内容については二八頁解説を参照されたいが、『勘例』はなぜ『延喜式』ではなく『弘仁式』を引用したのであろうか。『勘例』のこの部分では主に元日節会を扱っており、『弘仁式』に『延喜式』に見えない「正月十六日」という語があるところから、わざわざ『弘仁式』を選んだという可能性が考えられなくもない。しかし「正月十六日」に果たしてそこまでこだわる必要があったのかは疑問であろう。別の可能性として、この引用部分の原史料の段階では、『延喜式』がまだ編纂されていなかったために『弘仁式』から引用したということが考えられる。であるとすると、『本朝月令』との関係が想定できる。『本朝月令』の編纂時期は清水潔氏の研究によれば、延長八年（九三〇）以降天暦三年（九四九）以前の間に想定され、なかでも朱雀朝（九三〇～九四六）の可能性が高い（「本朝月令の成立」『皇學館大学神道研究所紀要』一七、二〇〇一年等）とのことであり、『延喜式』施行以前である。

二例目としてその「本朝月令」逸文を取り上げる。図版を掲載した「踏歌事」において、「朝野僉載」の次に「本朝月令」より天武天皇三年（六七四）と持統天皇七年（六九三）の記事を引いている。このうち後者が新出逸文である。ただし内容自体は『日本書紀』に同文があり、『年中行事秘抄』にも史料名を記さずに引用されている。

三例目として、同じく「踏歌事」に引かれる「官曹事類」を取り上げる。そこでは宝

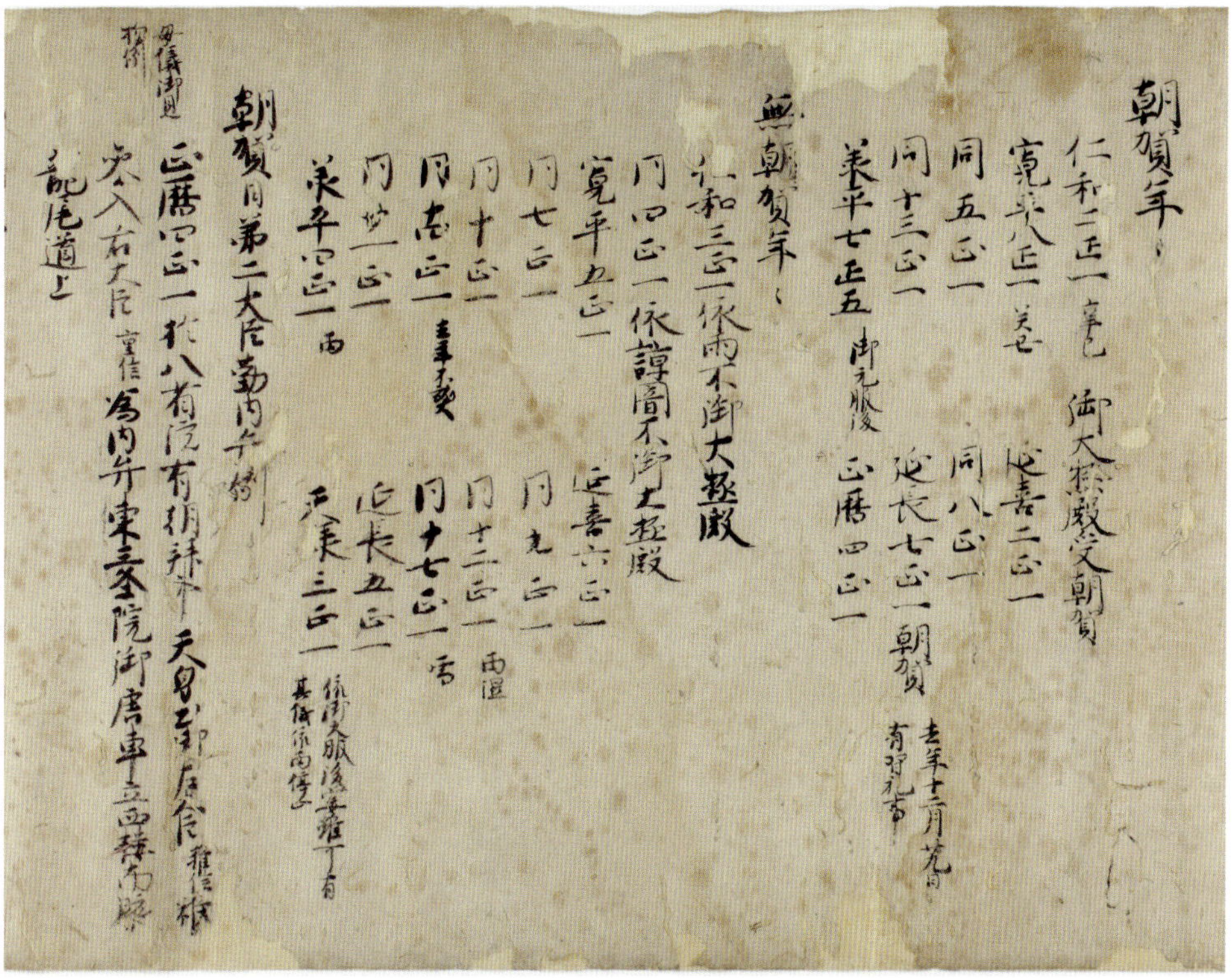

『勘例』 第13函 第18号 第2・3張

亀五年（七七四）と天平二年（七三〇）の記事が引用されるが、前者は『年中行事抄』にほぼ同文を見出すことができるものの同書では「官曹事類」からの引用であることは記されず、また『勘例』所引文の末尾一二文字が見えない。後者は既出である。

なお『勘例』では「官曹事類」に続いて「国史」が引用されている。これは現存『類聚国史』にも『続日本紀』にも見える記事であるが、注目されるのは日付が干支ではなく「十六日」と記されている点である。この引用の仕方から、この部分も『本朝月令』からの引用である可能性が考えられる。そしてそうなると、「本朝月令」との間に挟まれた「官曹事類」部分も実際には『本朝月令』からの引用であったという想定ができるであろう。『勘例』は単に新出逸文を収載するだけでなく、年中行事書における史料増補の過程を考える上でも重要な史料となり得る。

次にBのうち、九世紀以前に焦点をあてると、これらの記事も幾つかに分類することができる。一つは任官や叙位関係記事である。これらについてはいわゆる補任書が存在し、それらから先例を捜索して記した可能性が考えられる。次に『類聚国史』から抜き出したと考えられる記事がある。これについては二八頁解説を参照されたい。

それ以外の事例を考える上で注目されるのが、③に記される「朝賀年々」「無朝賀年々」である。「朝賀年々」は仁和二年（八八六）より、「無朝賀年々」は仁和三年より挙げられている。朝賀の項目は『類聚国史』に立てられており、仁和二年以前の朝賀の有無は簡単に調べられるはずであるのに、記されていない。これ以外にも、記されている先例が光孝朝、あるいは宇多朝から始まる箇所は少なくない。その事実からは、王統の交替との関連を想定したくなるが、陽成朝以前が無視されているわけでないことは先述の事例などから明らかである。そこで考え直してみると、そもそも文徳天皇が病弱であり、清和天皇と陽成天皇が幼帝であったことにより、その間には様々な朝儀が変化せざるを得なかったという事実が思い返される。文徳天皇の践祚から光孝天皇の践祚までは三四年が経過している。この朝儀空白期の存在が、光孝朝以降に先例を求める意識につながったのではなかろうか。そして光孝・宇多朝において朝儀復興が目指されるなかで、記録を残そうという意識が高まり、結果として『勘例』にも光孝朝以降の記事が多く引用されるようになったと推測される。

（小倉慈司）

『信長公記』

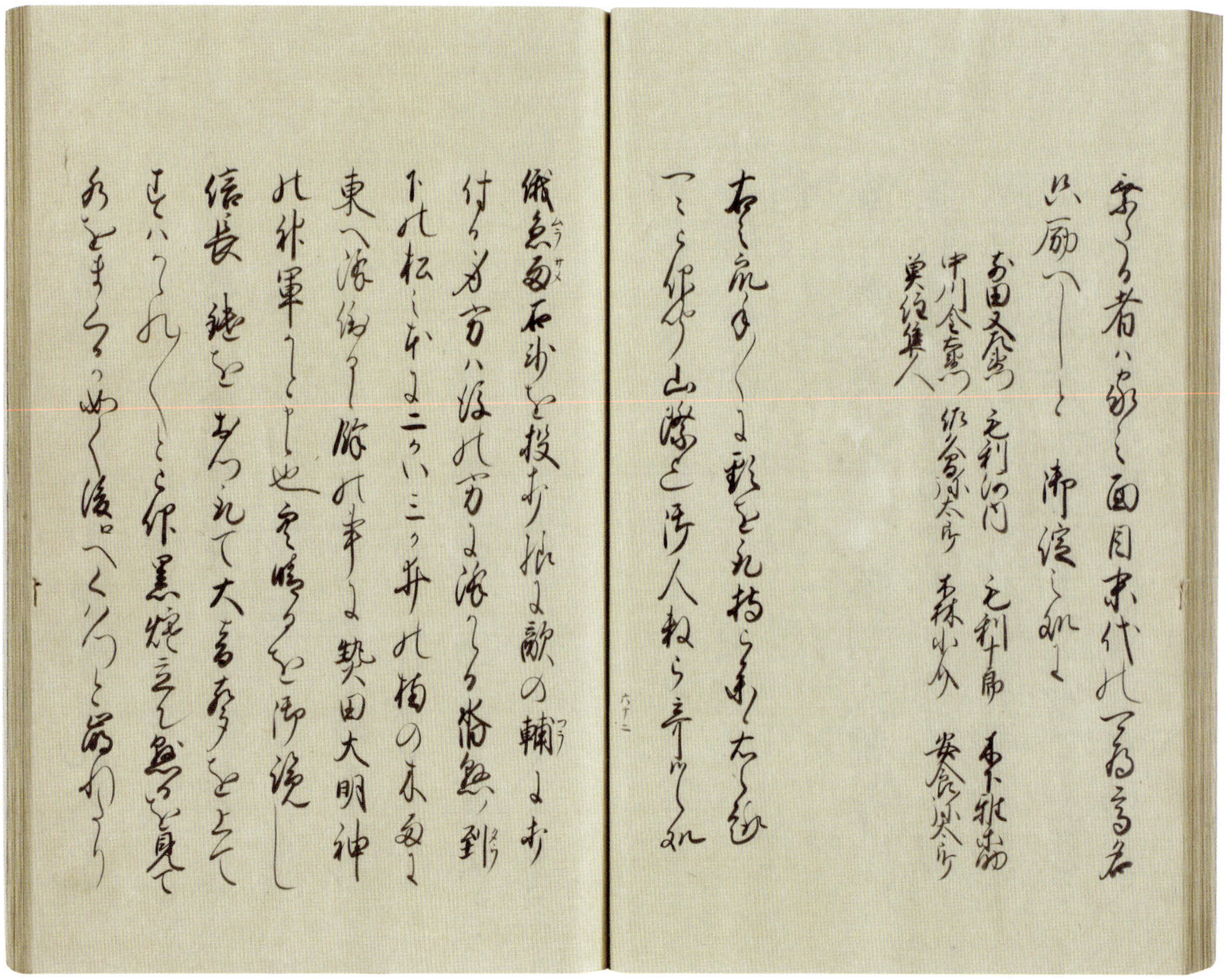

首巻（永禄３年の桶狭間の戦いの部分）

『信長公記』（『信長記』とも称されるが、ここでは陽明文庫所蔵本の書名にしたがう）は、織田信長に弓衆として仕えた太田牛一《ぎゅういち》が、手もとに控えていた記録をもとに、慶長年間頃執筆した信長の一代記である。現在わたしたちが知っている信長の事跡の多くが本書を典拠としていることから、信長を知るうえでの最重要史料のひとつとされている。

ここで紹介するのは、陽明文庫が所蔵する『信長公記』の写本である（以下陽明文庫本とする）。現在牛一自筆本が岡山大学附属図書館池田家文庫および京都建勲《たけいさお》神社に所蔵され、それぞれ国指定重要文化財となっているが、実は『信長公記』を研究してゆくうえで最も有名なのが、この陽明文庫本であると言っても過言ではない。

というのも、自筆本の存在が明らかになる前の昭和四四年（一九六九）、陽明文庫本を底本としてこれを読み下し、詳細な注釈と索引を付けた本文が角川文庫から刊行され（校注者は奥野高広・岩沢愿彦《よしひこ》両氏）、同書は現在もなお最も信頼できる本文として研究に利用されているからである。

その角川文庫版の刊行から約五〇年が経過した。その後の自筆本の発見や、筆者を代表者として科学研究費補助金を受け進めてきた『信長公記』諸本研究の成果により、陽明文庫本の位置づけおよび重要性についても再認識されるに至った。

それによれば陽明文庫本は、信長の玄孫にあたる織田長清《ながずみ》（一六六二―一七二二）が近衛家凞（一六六七―一七三六）に贈った『信長公記』の写本である。長清は信長二男信雄の孫大和松山藩主織田長頼の子として生まれ、信長弟長益の系譜を引く大和戒重《かいじゅう》藩主織田家に入り、家督を継いだ人物である。

長清は祖信長について書かれた史料の蒐集に情熱を燃やした。彼は元禄五年（一六九二）以前、幕府旗本花房政次から、牛一自筆の十五巻本（信長が上洛した永禄十一年から、没する天正十年までを一年一巻で記した部分）を入手した。これが現在の建勲神社本にあたる。長清は、この十五巻本が牛一自筆であることを確かめるためさらに蒐集の手を広げ、同五年、牛一の子孫太田牛輝より牛一自筆の「録泰巖公事旧記」を譲られ、十五巻本の自筆本たることを確証

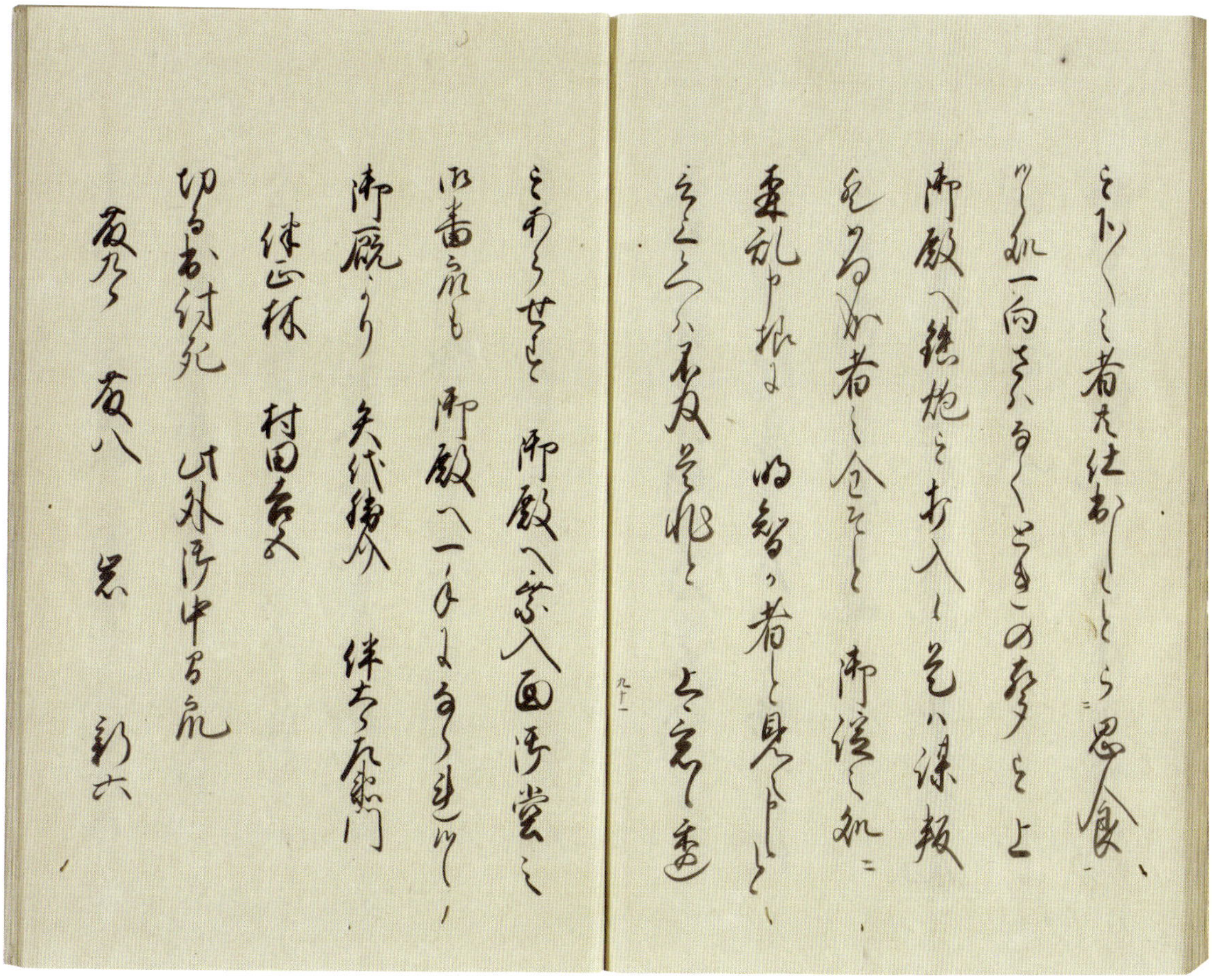
巻 15（天正 10 年の本能寺の変の部分）

づけた。

こうした経緯を記し置くため、長清は能書家として知られた家凞に『信長公記』の跋文執筆を依頼する。家凞はこれに応え、同十二年季夏（六月）上旬付で跋を執筆した。この跋は現在建勲神社本巻十五の巻尾に綴じこまれ、伝えられている（その草案は陽明文庫に所蔵されている）。

跋執筆の礼として長清は、蒐集した牛一自筆本一式の写本を作成し、家凞に贈った。これが陽明文庫本にあたる。重要なのは、このうち十五巻本が建勲神社に伝存しているのに対し、「録泰巖公事旧記」に該当すると目される『信長御入洛無以前の双紙』は、現在自筆本のゆくえがわからなくなっていることである。

『信長御入洛無以前の双紙』とは、俗に「首巻」と呼びならわされている信長青年期の事蹟を記録した一冊である。永禄三年（一五六〇）に起きた桶狭間の戦いについて記されているのも本冊である。長清は、蒐集した自筆本の写本をもう一式作成し、こちらは彼の子孫織田家に伝存していることが調査によって明らかになっているから、その直接の写本が織田家と陽明文庫に伝えられているわけである。双方を比較すると、前者はいかにも手もとに置くための粗末な造りであるのに対し、後者は造本・文字ともに丁寧にこしらえられている。

自筆本がある十五巻部分について、自筆本建勲神社本と陽明文庫本を見くらべると、自筆本の行配りや字配りはもとより、朱書や、牛一自身が書き入れたと考えられる返り点がほぼ忠実に写されていることがわかる。要するに陽明文庫本は、自筆本が失われた「首巻」について、その原状を推測するうえで織田家本とならぶ最善本のひとつということになるのである。

『信長公記』本文研究を進めるうえで、近年見いだされた織田家本と合わせ、陽明文庫本のさらなる検討が必要である。この作業をとおして、角川文庫版を乗り越えるべき新たな本文の学界への提供が可能となるだろう。（金子　拓）

『槐記』

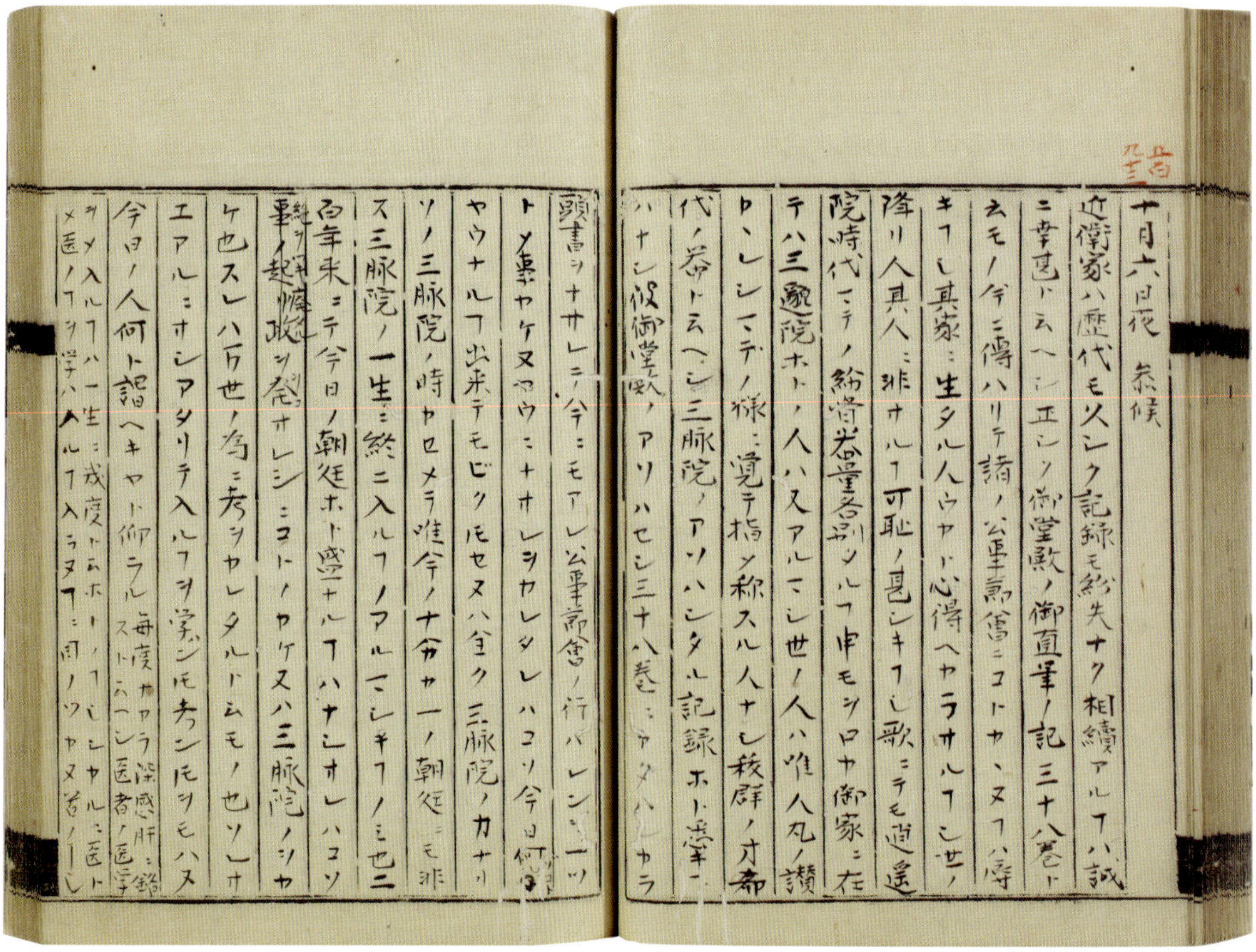

享保十三年十月六日条（部分）

「槐記」は、京都の医師山科道安（一六七七〜一七四六）が日記形式に筆録した、近衛家第二十一代当主家凞（予楽院、一六六七〜一七三六）の言行録である。初め、道安によって「槐下与聞」と題されたが、いつ頃からか「槐記」と称されるようになった（柴田實「解題」『茶道古典全集』第五巻、淡交新社、昭和三十三年）。山科家は禁裏から御用を仰せ付かる京都の医家であり、道安は近衛家にも出入りをし、家凞のもとに親しく祗候することを許された。「槐記」には、そうした折々に家凞から聞き及んだ、様々な事柄が書き留められている。内容は、天皇・公家衆に関する話題から、有職故実・学問・芸能にまで及び、博学多識な家凞による蘊蓄と教訓が、種々のエピソードを交えて記録されている。特に茶の湯・立花・香に関する話題が豊富であり、中でも茶の湯に関する記事は早くから注目され、家凞のことを代表的な公家茶人として高名ならしめる所以となっている。

「槐記」は全八冊。享保九年（一七二四）正月四日の記事から始まり、同二十年正月七日の記事で擱筆されている。早くも明治三十三年（一九〇〇）に、東坊城家本と蜂須賀家本を底本とする活字本が山田聖華房と哲学書院（史料大観）からそれぞれ刊行され、昭和十二年（一九三七）には詳細な注釈書（佐伯太注釈『槐記注釈』上・中・下、立命館大学出版部）が出版されるなど、戦前から注目されてきた。東坊城家本・蜂須賀家本のほかにも、陽明文庫をはじめ、宮内庁書陵部、国立公文書館、国立国会図書館、その他に十本以上の諸本が確認されるが（野村貴次「槐記〔抄〕」『日本古典文学大系96 近世随想集』岩波書店、昭和四十年）、道安自筆の原本については、東坊城家本『槐記』の校訂者である東坊城徳長子爵による跋文に、「欲借近衛家之蔵、而其書（槐記）、往年貸于松浦氏、罹火災」とあることから、焼失したものと考えられてきた（佐伯太「槐記を注釈するに就て」前掲『槐記注釈』上）。しかし、昭和六十一年に現陽明文庫長の名和修氏が、他の道安自筆史料の筆跡と比較鑑定し、陽明文庫に所蔵される四冊零本こそが、実は道安自筆本であると断定している（「近衞予楽院の茶湯」

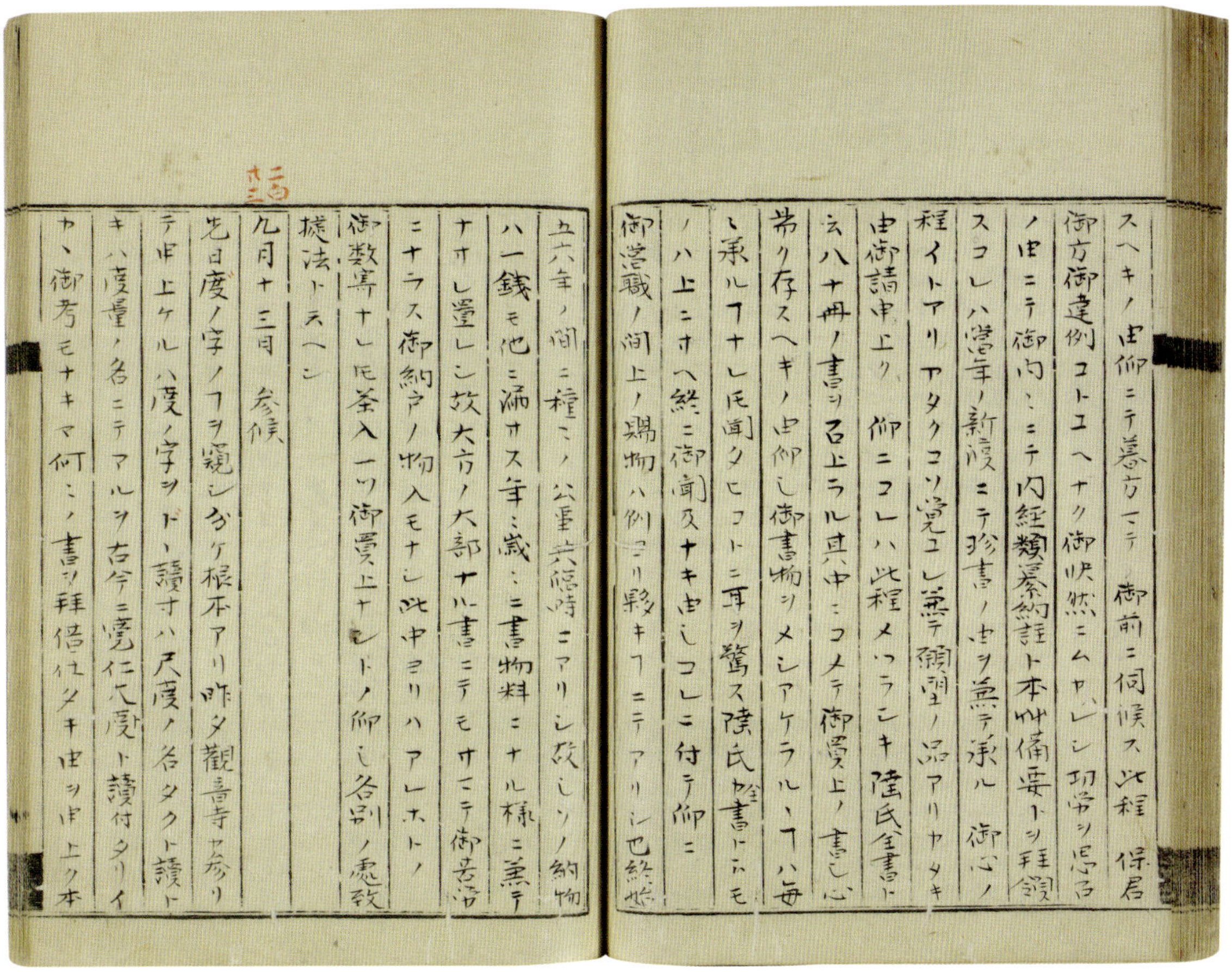

享保十一年九月三日条（部分）

『淡交』四七九）。

この四冊零本「槐記」の内容は、①享保十一年、②同十二年、③同十三年・同十四年正月、④同十八年であり、享保九年、同十年、同十四年二月〜十七年、同十九年、同二十年の分を欠いている。①の巻頭の遊紙には、「槐記焼残り候品／享保十一丙午／享保十二丁未／享保十四己酉／享保十八／共四冊」（／は改行）と異筆で認められた小切紙が貼付されており、「槐記」が火災に遭ったとする東坊城家本跋文の記述と符合する。なお、件の火事とは、明治十六年一月三十日、書写の希望に応じて「槐記」全八冊を貸し出していた際に発生した、松浦詮伯爵邸におけるそれであり、その際、右の零本に該当する四冊が、幸いにして焼け残ったのである（川崎佐知子「『槐記』山科道安自筆本焼失次第」『立命館文學』六三〇、平成二十五年）。

図版は、道安自筆の四冊零本から、近衛家の蔵書に関する記事が見られる箇所を掲載した。前頁の享保十三年十月六日条で家熈は、近衛家の文庫には「御堂関白記」をはじめとする歴代当主の諸記録が失われることなく伝来し、朝廷の公事・節会を取り仕切る上で大変助かっている。こうした家に生まれた僥倖を忘れてはいけない、と述べる。更に、四代前の当主信尹（三藐院）の例をあげ、朝廷衰微の時代にもかかわらず、家の記録を熱心に研究・整理して後代に遺してくれた、先祖の功績を讃えている。本頁の享保十一年九月三日条では、丁替わりの直前から、家熈自身の書籍蒐集に関する熱意の様子が語られている。すなわち、摂政・関白の在任中に賜物を過分に頂戴したが、それは全て書籍の購入費として蓄え、趣味である茶の湯の道具購入などには充てなかったという。「槐記」には、嘉靖本校訂のため入手した正徳本『大唐六典』をはじめ、家熈が貴重な唐本を種々購入して蔵書の充実をはかっている様子がしばしば見えるが、その財源の一部は、こうした高い意識に裏付けられたものだったことが窺える。こうした近衛家歴代の当主による、蔵書の充実と伝世への努力の蓄積が、現在の陽明文庫の姿へとつながったのである。

（松澤克行）

閉会にあたって

本日は大変暑い中、研究集会に多数お集まりいただき、有難うございました。専門的な内容を約四時間半お聞きいただき、お疲れかと存じますが、主催者を代表して、閉会の挨拶を簡単にさせていただきます。

本日の研究集会でスクリーンに投影した高精細デジタル画像やそれを用いた研究成果は、名和修陽明文庫長をはじめとする陽明文庫の資料公開への大英断と、理系並みの大規模な科学研究費を約二十年間近く交付して下さった日本学術振興会のご理解・ご支援の賜物かと存じます。

お陰様を持ちまして、近衛家伝来資料を伝える陽明文庫の史料は、田島が研究代表者を務めた学術創成研究費および二回の基盤研究（S）、さらに尾上陽介教授を研究代表者とする基盤研究（A）と併せて、約六万画像のデジタル画像が完成しています。その内、約四万八千画像は、同様の大型科学研究費でデジタル化された京都御所東山御文庫本、宮内庁書陵部図書寮文庫所蔵伏見宮家本・九条家本・柳原家本ほか、西尾市岩瀬文庫所蔵柳原家本などとともに、総計約百万画像が、現在、東京大学史料編纂所の閲覧室で公開されるようになりました。これらは禁裏・公家文庫の中核史料で、古典研究に欠かせない史料群です。本日の報告でもお話があったように、近衛家本・禁裏本・洞院家本・九条家本等は、天皇家の文庫と公家の文庫とが関連しながら、今日まで伝えられていたことが分かります。

近年、日本史や日本文学等の古典研究を取り巻く環境は厳しい状況にありますが、東山御文庫本・陽明文庫本をはじめとする禁裏・公家文庫収蔵史料のデジタル画像の公開は、若手研究者に大きな希望を与えることになりましょう。今後も管理・所蔵機関の益々のご理解により、禁裏・公家文庫収蔵史料のデジタル画像のさらなる公開が促進されることを祈念すると共に、デジタル画像を利用できるという研究環境の大きな変化を僥倖ととらえ、研究者自身が着実に研究し、その成果を学界や社会に還元していかなければならないと思います。

本日は、公益財団法人陽明文庫理事長近衞忠煇様・同理事甯子様御夫妻のご出席のもと、研究者として学習院大学史料館客員研究員徳仁親王にもご参加・ご講演いただき、本学から松木則夫理事・副学長に列席いただきましたこと、厚く御礼申し上げます。本科研費（基盤研究（S）・基盤研究（A））は今年度を含め、あと四年間は続きますので、期間中にまた禁裏・公家文庫に関する特別研究集会を開催させていただくことができればと存じます。本日は長時間にわたり、ありがとうございました。

（田島　公）

編集後記　本書は二〇一八年（平成三〇）七月一五日、東京大学伊藤国際学術研究センター伊藤謝恩ホールで行われた「陽明文庫設立80周年記念特別研究集会—最新の研究成果の報告と陽明文庫の過去と未来—」（約二八〇名参加）で配布した「記念図録」に、小倉慈司氏の原稿および開会・閉会の挨拶を増補し刊行するものである。

なお、当日の会場費や印刷費等の経費に関しては、日本学術振興会・基盤研究科学研究費（S）を用い、その後、引き続き、会場を会議室に移して一六時より約九〇分間行われた情報交換会（全報告者の他、研究者を中心に約六〇名参加）に関しては、東京大学史料編纂所への寄附金「古代史料部研究費」を用いた。さらに研究集会当日の運営には史料編纂所の教職員等の皆様のご協力を得た。記して感謝申し上げる。本書で使用した図版は全て、公益財団法人陽明文庫所蔵のもので、使用に当たっては同文庫長名和修氏の特段のご配慮を得た。本書は科学研究費・基盤研究（S）「天皇家・公家文庫収蔵史料の高度利用化と日本目録学の進展—知の体系の構造伝来の解明」の成果であり、基盤研究（A）「摂関家伝来史料群の研究資源化と伝統的公家文化の総合的研究」の成果も含む。

本書のデザイン・製作編集作業は粕谷真里子氏により、糸賀優理氏の助力を得た。短期間で「記念図録」の編集刊行をしてくださった吉川弘文館編集部長堤崇志氏とのご縁もあり、今回、市販させていただくことが出来た。転載許可をいただいた宮内庁東宮職をはじめ、関係機関に感謝申し上げる。

陽明文庫設立 80 周年記念特別研究集会

―― 最新の研究成果の報告と陽明文庫の過去と未来 ――

2018
平成30年7月15日（日）
10:00 ▶ 16:00

於　東京大学伊藤国際学術研究センター伊藤謝恩ホール（東京大学本郷キャンパス内）

主催：公益財団法人陽明文庫（理事長：近衞忠煇）

科学研究費補助金（基盤研究 (S)）
「天皇家・公家文庫収蔵史料の高度利用化と日本目録学の進展－知の体系の構造伝来の解明」
（研究代表者：田島 公　東京大学史料編纂所教授）

共催：東京大学史料編纂所（所長：保谷 徹）　京都府立京都学・歴彩館（館長：金田章裕）

科学研究費補助金（基盤研究 (A)）
「摂関家伝来史料群の研究資源化と伝統的公家文化の総合的研究」
（研究代表者：尾上陽介 東京大学史料編纂所教授）

研究報告

金子 拓（東京大学史料編纂所准教授）
「『信長公記』諸本における陽明文庫所蔵本の位置づけ」

小倉慈司（国立歴史民俗博物館准教授）
「陽明文庫本『勘例』に見える８・９世紀史料」

田島 公
「陽明文庫本『勘例』７巻の基礎的考察」

末柄 豊（東京大学史料編纂所准教授）
「陽明文庫に伝わる室町時代の文書―『後法興院関白記』と『雑事要録』の紙背文書を中心に―」

金田章裕（京都府立京都学・歴彩館館長、京都府公立大学法人理事長）
「陽明文庫本『宮城図』と東山御文庫本『大内裏図』」

徳仁親王（学習院大学史料館客員研究員）
「陽明文庫に残された三点の牛車絵図」

講演

名和 修（公益財団法人陽明文庫常務理事・同文庫長）
「陽明文庫の設立から、デジタル画像の公開まで」

尾上陽介
「史料編纂所による陽明文庫の調査と史料集刊行の学術的意義」

図版提供　公益財団法人陽明文庫

解説（報告者以外の執筆者）　松澤克行（東京大学史料編纂所准教授）
藤原重雄（東京大学史料編纂所准教授）
木村真美子（学習院大学史料館客員研究員）
糸賀優理（東京大学史料編纂所学術支援職員）

デザイン　粕谷真里子（元東京大学史料編纂所学術支援職員）

企画・編集　科学研究費補助金・基盤研究（S）
「天皇家・公家文庫収蔵史料の高度利用化と日本目録学の進展
――知の体系の構造伝来の解明」研究代表者
田島 公（東京大学史料編纂所教授・公益財団法人陽明文庫理事）

陽明文庫　近衞家伝来の至宝
設立80周年記念特別研究集会 記念図録

2019年（平成31）4月30日　第1刷発行

編 者　田島《たじま》 公《いさお》

発行者　吉 川 道 郎

発行所　株式会社 吉川弘文館
郵便番号 113-0033
東京都文京区本郷 7-2-8
電話 03-3813-9151〈代表〉
振替口座 00100-5-244
http://www.yoshikawa-k.co.jp/

印刷・製本＝株式会社 精興社

ISBN978-4-642-08358-4